做父亲
不许失败的创业

徐曙光　徐和安　著

上海社会科学院出版社
SHANGHAI ACADEMY OF SOCIAL SCIENCES PRESS

图书在版编目(CIP)数据

做父亲,不许失败的创业/徐曙光,徐和安著. 一
上海:上海社会科学院出版社,2019
ISBN 978-7-5520-2858-4

Ⅰ. ①做… Ⅱ. ①徐… ②徐… Ⅲ. ①家庭教育
Ⅳ. ①G78

中国版本图书馆 CIP 数据核字(2019)第 146773 号

做父亲,不许失败的创业

著　　者　徐曙光　徐和安
责任编辑　王　芳
封面设计　高静芳
出版发行　上海社会科学院出版社
　　　　　上海顺昌路 622 号　电话:021-63315947　邮编:200025
　　　　　https://cbs.sass.org.cn　E-mail:sassp@sassp.cn
排　　版　雅风图文制作有限公司
印　　刷　廊坊市廉嘉美龙印刷有限公司
开　　本　710×1000 毫米　1/16 开
印　　张　13
字　　数　260 千字
版　　次　2019 年 8 月第 1 版　2024 年 11 月第 13 次印刷

ISBN 978-7-5520-2858-4/G·865　定价:45.00 元

目录

第二章　父亲的心灵之灯

第三章　父亲的希望之灯

序一　看成功的企业家如何培养下一代

最近出版社向我强力推荐《做父亲，不许失败的创业》这本书，希望我为作者写一篇序。作为一名哲学思想家及管理哲学家，我自然关注这个时代中父母如何教育子女的重大问题，而徐曙光的这本书应是符合我的期许的。我利用时间读了此书后，认为徐曙光的很多经验、观点、建议和方式都有其独到的价值。因而我愿意从哲学与管理的角度来诠释与评价徐先生此书的内涵，使读者朋友们对其有更深刻的认识，更关心如何教育子女的问题。

为了写这篇序，我查阅了徐曙光的资料。徐曙光出生在靠近威海的乳山。乳山我是去过的。那个地方靠海，风景不错，虽然算不上贫困，但是属于乡村地区，与外面世界比较隔绝。我的学生中有很多是山东人，他们的性格我很了解，他们勤于学习，刻苦耐劳，有向上冲和打天下的精神，并能不断寻求机会出类拔萃。山东人这种性格也是历史上中国人较为典型的性格，是走向成功的一种动力。徐曙光的成功就是一个很好的例子。他的成功尤其与他能抓住一系列的机遇有关系。他在美国念博士的时候找到一个做大公司财务经理的机会，他就抓住了这个机会。他虽然放弃了念博士学位，却开始了更为奋发的企业创业活动。他能吸收西方企业重视实用与效益的态度，适时回国创业，马上就能实践与推广。

我必须说中国从二十世纪90年代，尤其是在邓小平南方谈话之后，即从1993年至2005年，经历了一个很重要的时期，亦即现代化的改革时期。这一时期带动出很多人才。这使我想起了日本的明治时代，为了现代化创造了很多个人发展的机会。武士阶层的人到东京找机会，几十年内造就了一大批大公司、大企业的人才。中国从20世纪90年代起就积极走向现代化的事业，自然也激发了不少胸怀大志的年轻人，他们有的很成功，无论在政界或在商界都能出类拔萃。现在看看中国这批已经到了四五十岁的成功人士，不是看他们是否更成功，因为他们已经够成功了，而是要看他们是否能够持续地发展，他们能否在中国更为发展的时候，成为跨国际的世界级的企业领军人物。我认为徐曙光的成功史是一个成功创业的重要案例。他处处都在寻找和利用机会来充实自己。除了他确实有自己的才华外，他的学习精神、敬业精神和负责任的精神都是令他成功的重要因素。而他作为一名成功的企业家，来谈自己子女的教育问题，我认为更有一番意义。

徐曙光作为成功企业家成为巨富，自然面对一个问题：他能否破解“富不过三代”的魔咒。这就要看他是否能培养出强大的下一代。如果创业的一代不能培养好自己的子女，子女也就不会了解创业的艰难，更不会有技能来维护上一辈创业的成果。这个是经验的总结，这种经验不光中国有，美国也有。著名的福特公司，第二代就出了严重的问题：酗酒、飙车，差点把福特这么大的公司败在他手里。万幸的是到了第三代，就是老福特孙子这一代才恢复过来。但美国很多的家族企业仍是富不过三代。有些美国企业家认为不需要考虑“三代”的问题，像比尔·盖茨这样的企业家就想把钱的一半捐出去，提出“取自社会，还于社会”的价值概念。这自然也是一个办法。但如果家族企业要发展，就有责任对第二代进行教育，让他们负起责任。如此，就可以理解为什么一个好的企业家对自已子女的教育这么重视了。就一般意义而言，作为父亲必须对子女的教育负责任。从企业家的角度谈如何培养子女，提出新的要求与方法，更具有参考的价值。徐曙光是以一个企业家办企业的精神来教育自己的子女。他对自己的成功有深度认识，他也希望自己的子女成功。他以企业家的优势和条件为自己子女的成长教育提供了一般人难以企及的条件。

我很高兴看到徐曙光在他的书中强调做父亲的应该负起教育子女的责任，这是其他人不能取代的。不能因为自己是企业家，就忘了自己作为父亲的角色；至于是不是永远扮演做父亲的指导角色，那是另外可以考虑的事。他说明在子女小的时候，做父亲的需要重视环境与机会教育。对于自己的言行，也要做出示范，这当然是正确的。这也是我们一般所说的"身教"与"言教"。徐曙光在教育的过程中注重与子女的分享和沟通，这也是非常好的。这是现代家庭教育的基本要求。至于书中讲到为女儿制定具体的人生目标，可以供参考，但却不一定是通则。作为父亲我们期盼子女的是他起码做一个善良的人、一个对社会负责的人、一个有理想的人。具体目标则取决于个人逐渐发展出来的能力与取向。另外一点也值得一提：父亲应对子女在一些学习问题上做积极的要求与规定：一天记一个英文单词、或一天背一条成语等，这些看似小的问题，实际上可以成为最后成功的关键。

基于以上的评述，我想在此说说一般的父母应给予子女什么样的教育。我在此想提出八个简单的要点：

（一）要培养子女有高尚的理想，多考虑为人类做些什么公益的事。就像孙中山先生说的"做大事，不要做大官"。

（二）要鼓励子女保持高度的学习兴趣，对生活中各种事都能认真地学习。人要在学习的过程当中去完成和发展自己。

（三）要鼓励子女建立独立思考的习惯，因而能够在广泛的学习中自求进步与创新。

（四）要培养子女坚毅的性格，不怕挫败，因失败而更加努力。这要建立在有价值的理想的认识之上，不应只为赚钱牟利而追求。

（五）要帮助子女建立对己对人的信心以及对待人生的乐观态度。现在的孩子，十几岁自杀的也有。这并非气质与遭遇方面的问题，而是父母是否给予了孩子充分的肯定、自信与支持的问题。

（六）要培养孩子有判断是非等基本价值的能力。什么是真，什么是假；什么是好，什么是不好；什么是正义，什么是非正义；什么是美，什么是不美，这都是价值判断，这一能力必须得在父母的指导与示范中发展出来。

(七)要培养孩子具有选择方向的能力。在是非善恶的分辨下，也懂得吉凶祸福、利害得失，不可因自私与贪婪而自欺欺人，如此最后也不一定成功。有些选择非常容易受到威逼利诱。而有着坚定意志和独立思考能力的人是不容易受别人的影响的。

(八)一定要求子女对人和事都要有负责任的态度。做任何事要有责任感。对人要有开阔的胸襟，不能别人和你意见不一样你就对人有成见。对人要有礼貌，懂得如何尊重他人。对生命要有基本的仁慈。再小的生命，也需要保护，这是一种生态意识和环境意识。徐曙光书里讲到他和女儿如何关心他人、关心乞丐、关心不幸的人，这是需要培养的一种好态度。

以上八点，都是父母通过言教和身教可以影响到子女的。徐曙光提出的“境教”的方式需要父母大量的付出。而“境教”，在我看来，就是利用机会进行环境教育。父亲应该抓住机会去教育孩子。我们都希望子女成为成功的人，或者有声望受敬仰的人，但更重要的是要成为对社会有用的人，一个力求进步的具有良知的人。

从中国儒学的角度来说，我们是否也应考虑到，海外的中国人应该对中国的文化有基本的认知。成功的企业家对自己子女的文化修养与历史根源的认识要加以特殊的关注，毕竟现在人类还没有达到世界大同的地步。中国文化强调中道和中和，强调和谐以及与人为善的价值。如果只强调子女如何追求西方式的成功，而不强调中国传统哲学中重视德性的开发与培养，是不够的。父亲有责任让子女认识到中国文化的优良传统，让他们明白自己可以作为两个优秀文化的桥梁，并有责任来帮助祖国的发展，帮助世界的发展，追求人类文明发展的新境界。这将是父母对子女的一个无可取代的传承，作出的贡献可能比任何贡献都要深远。

哲学家、管理哲学家，

现代新儒家代表人物、美国夏威夷大学哲学系教授

成中英

序二　德鲁克式家庭　教育子女的秘诀

十分赏识徐先生把自己对孩子的教育方式公之于世，这种无私与共享的胸怀值得嘉勉，至少能引爆话题，引发关注。

管理学教父彼得·德鲁克(Peter F.Drucker)一生最大的成就莫过于发明“管理学”学科，改变了这个世界，影响了人类，也带来了社会的整体创新。然后，另一项成就便是既保有传统的普世价值文化，又兼具创新的动态思维。这一点完全体现在其家庭的文化上，使得其家族文化不因移民美国而变质降调，甚至于代代杰出，人人拔尖。那么，他是如何办到的呢？

话说从头，德鲁克的奶奶是一位钢琴大师，是克莱拉·舒曼的学生，她在老师的要求下，在布拉姆斯跟前演奏过好几次——这是她一生最光荣的一刻。有一回，他奶奶取得所有的护照与签证准备出国时，他父亲质疑道：“为什么您一定要彼得陪您去呢？”奶奶回答道：“你不是很清楚吗？只有我在一旁他才会练琴。这孩子天分不高，少了两周的练习，影响可是很大的。”

奶奶对德鲁克说：“不要光弹乐曲，还要把‘音符’弹出来。如果曲子作得好，音乐自然会流泻出来。”

她不但教会德鲁克成为一位近乎专业的钢琴演奏者，也教会德鲁克不羡慕这个世界的伟人，也不梦想成为上流社会的人物，只希望做自己该做的角色，做好自己，成为对的人，且做好自己的本分，享受平凡人的真正乐趣。尽管他拥有不平凡的超人表现，他依然是他，德鲁克依旧是德鲁克。

然而当德鲁克谈起父亲阿道夫时，眼里总是充满着骄傲和敬意：“他和我是完全不一样的人。我们不论对事还是对人，从来不持相同的观点和看法，也从来没有相同的兴趣。但是我们非常亲近，而且彼此尊重。我从小就景仰我父亲完美的人格，他的交际天才(而我对此完全缺乏)和他的勇气。他对我也完全宽容，即使他认为我所做的事没有什么意义。”

其次，德鲁克的母亲卡罗琳是奥匈帝国率先读医科的女性之一，他的母亲十分聪慧，极会念书。为此，德鲁克说：“我十足是她的儿子，我父亲有他的原则性，而母亲则有洞察力。直到她的晚年，当她身染重病的时候，我们还是能够不必经过讨论便能相互了解。”

事实上，完美人格的阿道夫与颇具洞察力的卡罗琳，却造就了彼得·德鲁克，使得他既具有洞察力，包括对人性本质与商业趋势变化的洞察力，又拥有高尚的人格——对人类终极关怀的普世价值，且又是不折不扣的基督行者。不但如此，德鲁克又兼具奶奶的智慧，特立独行的个性，终生学习的执着态度，成为一位真正社会的大思想家。

德鲁克一家1939年来到美国，先后生下一男三女，个个是教授或律师，表现杰出、独领风骚。至于六个孙子，更是拥有天才般的才华，令人啧啧称奇！这些都可以归结于两个原因，一是遗传基因，另一是家庭文化，而家庭文化才是真正的关键。塑造德鲁克式的家庭文化，乃是要建立一个优质的家庭环境，可持续的学习文化，普世的核心价值观，融入个人生活成为一种德鲁克式的标准行为模式，生生不息，代代杰出，成为人才的生产基地——迄今五代，人才辈出，实是极其罕见。

为此，30年来我经由彼得·德鲁克的洗礼与修炼，实践与成长，逐渐见到成效。尤其是两个女儿与我们之间的关系。因为有了共同的信仰，建立了共同的核心价值观，打从她们幼小之时，就每周六召开“大人向孩子学习”的家庭式聚会，称不上家庭会议，只是由她们发表看法和建议，期间，大人除处理答复之外，一律不插嘴、不说教，给予她们充分的时间与自主，畅所欲言，百无禁忌。

原本忧虑的例如偏差、过当、自傲、失礼，确实越来越少，越来越聚焦于正面积极、乐观进取，收获十分的美好。针对家庭的重大决策方面如搬家、择校、奖励办法细则等，都是召开家庭会议，予以她们表达看法和见解，但决策权由父亲定夺。当然成败要由我来负责。而不采用举手表决方式处理，以负起家庭的重责大任。只是通过会议，让她们参与养成思考和判断的习惯。别小看在她们念小学阶段时，她们时常有惊人之语和创意，往往成了我们父母学习的功课。基于此，我主张要向孩子们学习，学习她们的纯真、诚实、勇气和创意。

德鲁克管理学家

詹文明

导言　共同点亮孩子的未来之灯

一、“生育之旅”(Birth Tourism)—— 一切为了孩子的教育

许多年前，有一批家境优越的中学生，在估计自己考上国内大学的可能性不大之后，潇洒地选择了出国；许多年后的今天，一批能够考上或者已经被保送到北京大学、浙江大学、复旦大学等国内一流大学的高材生，却或者放弃高考，或者放弃保送，而选择出国留学。

曾经影响我们一代父母和孩子的哈佛女孩刘亦婷、在克林顿来访时“代表”中国青年表达对美国不满的才女马楠等，如今都纷纷留在美国，嫁给了美国人。

2010年，出现了一个新的词语叫作“生育之旅”，就是说那些通过各种途径或方法在美国生孩子(根据美国法律规定，任何人只要在美国领土出生都算美国人)的中国父母，他们把生“美国人”当成了投资，而这种投资最根本看中的就是孩子未来的出路。在他们眼中，相对于中国而言，美国在整体环境、教育、机会、资源的分配等问题上更公平、更有优势，由于这些优势，在美国生活相对而言可以“简单”一些。

我曾参加过一个讲座，参加这个讲座的都是条件与我差不多的企业家。下午一两点的时候，大家都有些犯困，教授却在此时谈论起我们这些人的子女教育问题，我发现周围人的精神都马上为之一振。

这说明什么？说明今日大部分企业家如同我一样都非常关注下一代的教育，并不是如舆论报道的那样，所谓“富二代是钱砸出来的一代”，更不是“暴发户的后代”。对于我们而言，作为父亲几乎都是“白手起家”，从零开始，但是

我们有个值得骄傲的地方，就是白手打拼过天下的男人，在教育下一代的能力上，一样具备魄力与智慧。

我们和世界上其他的男人有什么不一样？有钱，或者没钱，这些和最终的教育“成果”不能完全画等号，但与父亲的用心教育与培养能画上等号。钱也许可以“买”来好学校的名额，或者一套昂贵的教育书籍，甚至好的培训班，但是，买不来知识，买不来智慧，买不来一个好爸爸。

说明一下，我对“富一代”和“富二代”这样的形容词没有任何偏见。在大众眼里，我属于“富一代”，但我自认为属于有较高学历的“富一代”，财富加上智慧和学历，构成了大家眼里的我所具备的育儿优势。

然而在本书中，我想表达并强调的是，当手中同时握有财富与智慧时，我们应懂得利用它们为孩子建立一个优质的平台，并在这样的平台上，达成自己与孩子共同确立的目标。

是的，我一直说“言教不如身教，身教不如境教”，本书里我将用一些篇幅来谈这个问题。

二、“贵族之旅”(Elite Road)——让孩子超越自己

生育子女，对我们这代人来说，不仅仅是传宗接代的问题。无论是子承父业，出人头地，还是养儿防老，大而言之都是希望孩子能“继业”和“光宗耀祖”；小而言之，则是希望改变自己的家庭，摆脱当下的困境。但很少有父母会马上想到孩子未来应该做什么，又应该为这个社会做什么样的贡献。

我的思维有传统的一面，例如很重视“家族”观念，但这一观念并非通常意义上的“子承父业”，而是我希望我的后代能够成为“贵族”。因为历史原因，中国再没有传统意义上的“贵族”了，而“贵族”的回归和培养，不是一夕之事，更不是用钱可以堆砌起来的，而是需要几代人的努力来精心培育。我眼里的“贵族”应该是这样的——和财产无关，而与社会价值有关。

为什么说“贵族”培养靠三代？我们通俗点说，培养一个富翁只需要财富的继承，培养一个知识分子只需要好的书籍和好的老师，但是培养一个“贵族”，却需要至少两代人在文化修养上的潜移默化与身传言教。我们和我们的父辈都有很多毛病，无论思想观念还是文化修养都相对落后，又因为各种原因很难自我改正，如果孩子跟着学并受其影响，就必然会在修养和气质上跌份很多。

也许你会说富上三代就可以出“贵族”了，那我要纠正你，你错了。纯粹用财富堆砌起来的风雅，不过是“附庸风雅”罢了。这就如同日本在其早年的发展过程中，它自身的文明进程与物质匮乏或富裕并无关系。

也许很多父母会想，自己条件好了，只要付了钱(学费)，将孩子交给好学校和好老师，从此就可以高枕无忧了。如果教育孩子真的那么简单，为什么会有“钱学森之问”：“为什么我们的学校总是培养不出杰出人才？”要我说，根本原因之一在于父母在教育上的盲目。

教育孩子，我强调的是“大概率”，就是说做事一定要做成功概率高的事。我对女儿的教育，着眼点更多关注于孩子的全面发展与气质修养的培养，学钢琴也好、学画画也好，将来不一定要成“大家”，但一定要养成“大家闺秀”的气质。我并不赞赏韩寒这样的孩子，但我敬重他，因为他能有今天这样的地位是非常不容易的。但如果他的“成才”之路让很多父母不经思考就去学习或模仿，甚至铤而走险，寻找成才的“偏方”和所谓的“捷径”，例如盲目让孩子跟风去参加各种作文大赛，必定会害了他们。

条条大路通罗马，每个孩子都可能成为有用之才，但不是每个孩子都可以成为“贵族”。

这本书，你也可以看成是一个企业家父亲的“贵族之旅”。

三、育儿，男人的另一种创业

曾经有两位记者采访我后，出了一本书叫《我就爱创业》，当中记述了我的创业历程，以及我的一些人生感悟。

这本书中写道，我最初的创业是因为不想让自己的团队散掉，于是开始了创业之路，可以说是“被创业”，但到了后面，我的创业其实是为了多赢，为了给我的团队营造多赢的氛围。

现在想想，女儿Ashley的出生对于我来说，是人生的另一种创业。

也许你会觉得对于像我这种有着丰富创业经验的企业家来说，生孩子肯定是有目的性的。很抱歉，真的没有。对于出生于二十世纪五六十年代的人来说，生孩子是必须之事，但对于很多“70后”“80后”来说，可能就有另一番思路了。

我觉得生孩子是大自然赋予人类的最基本的本能，到了年龄，该有孩子，就生孩子了。

即使时至今日我在写这本书的时候，也未曾想过，我生了孩子，需要孩子来为我去实现什么，或者帮我达成什么未完成的梦想。我认为，如果将所有的期望都寄托在自己的下一代身上，让他们来完成我要做的事，这是一种无能的表现。

话说育儿与创业还有两个不同：

（一）一个是主动；另一个是“被迫”

创业是做好了一定的准备，全心全意地付出。但即使努力付出全部，依然有99%的人会失败。

而养孩子虽然也有一定的心理准备，但孩子是独立且有自己的思想的，因此育儿是一种被迫“创业”，而且如果对孩子，你不懂如何教育，不懂如何付出，那么999‰都会失败。

（二）创业失败能从头再来，育儿失败没有回头路

最初，我也没有想好应该如何去培育我的孩子。可能与大部分父母一样，对孩子的教育倾向“散养”的心态。但我回国后发现很多年轻人身上的问题，这些问题对社会造成了不小的困扰。我很快就意识到这样是不行的，尤其作为

一个有责任心的男人，他应当对子女的教育担当起很大的责任，要知道，孩子的失败等于家长个人的失败。

很多企业家都说："我在培养我的事业，培养我的团队。"我要说，这些都是假话。

什么"工作压力太大，没时间亲自照顾和教育自己的孩子"，这些都是假话。

许多企业家都在说假话，他说要培养你，可连自己的孩子都不用心去培养，那最多是在培养你能为他所用。

因此我建议，如果你想看一个企业家是否真正的成功，其公司的团队是否优秀，就先去看他如何抚育自己的孩子。

四、父亲的责任

有个成语非常好，叫作"以身作则"。还有句话更好，叫作"榜样的力量"。

对孩子来说，最容易的学习就是有样学样。你做什么，怎么做，他们都会被潜移默化。因此，一旦做了父母，孩子就成为自己的压力和激励。为了成为他们的好榜样，我们不得不改变自己，改善自己，这趟育儿之路，本就是激励父母成长的最好过程。然而大多数父母没有利用好这个机会。

美国耶鲁大学曾做过一项调查，对从婴儿到10多岁的各个年龄段的孩子进行了长达12年的跟踪调查研究。结果表明，由父亲带大的孩子智商更高，学习成绩会更好，走向社会以后也更容易成功。可见，父亲的参与会让孩子更聪明、家庭更快乐！科学地教育孩子，做孩子最好的陪伴者，父亲这个角色任重而道远。

但在现实生活中，父亲在教育孩子中的地位往往被人们忽视，尤其在孩子年幼时，母亲在教育和生活照料中占据绝大部分的比重。在这里我并没有要贬低母亲作为教育者的重要意义的意思——由母亲主导教育的孩子更细心、体贴，然而细心、体贴的另一面是缺乏勇气和冲劲，这也有可能是当下造成不少男孩子男不男、女不女的因素之一。相较之下，父亲的教育则更倾向于培养孩子的责任心，让孩子更果敢和具有魄力。可以说，一个完整的家庭对孩子很重要，父母都承担起对孩子的责任则更为重要。

在我的记忆中，我的父亲就起到了这样重要的作用。他带给了我人生的哲学，让我至今受用，并且我将这一哲学也传给了我的孩子——做人一定要有“荣誉感”。

我的父亲曾对我说：“在你30岁之前，家人能不能受人尊重，主要是看我的为人；30岁之后，家人能不能受人尊重，主要是看你的为人。”

这段话伴随我从小到大的成长过程，既是我的压力，也是我的动力。

现在想想看，如果我们拼死拼活积下了一份家业，却始终只忙于所谓的事业，而忽视了对孩子的教育，就会导致孩子不但不成材，甚至可能很快就会把家业败光。“富不过三代”，做父亲不能像周瑜“赔了夫人又折兵”，赢了事业，却输了孩子，最终满盘皆输。

因此我一直对自己强调：我的孩子如果失败，就是我的失败。我将这个压力变成督促孩子前进的动力，并且反过来，也能提高我自己，纠正我自己，给孩子做榜样。

五、父亲的回归

“父亲的回归”，这在很多人看来是一句空话。我理解今日的男人比以往任何时候都要责任重大：时间少，工作多……但是有了孩子之后，我始终认为，你既然已经将你的孩子带到这个世界上，你就必须要承担起应有的责任。而这责任不仅仅是为孩子创造好的环境，提供更多物质条件，更重要的是，用你的智慧和爱心，帮助你的孩子成为他(她)应该成为的人物。

有很多人说，“父母要做孩子的朋友。”我并不赞同这句话。

因为这不是刻意而为之的事情，我认为我首先要做孩子的父亲，然后才是朋友。孩子不一定要从小喜欢我，我也不想刻意去做孩子的朋友赢得孩子的欢心。朋友可以共欢笑也可以共患难，但是能对孩子的未来负责的，只有父亲和母亲。

此时我最重要的一个角色，就是“父亲”。

父亲相比母亲来说，目光更远，视野更广阔，思想也更理性而具有战略性，他比母亲更懂得如何让自己的孩子适应时代的发展。

父亲代表的是决断力，而不是过去简单的“严父”这一形象。

父亲的换位思考，也不是说要站在孩子的立场去思考问题，而是要站在当今社会大局的角度进行思考，帮助孩子分析、判断、理解以及选择。

在本书的有关章节中，你会读到更多我对于“父亲”这一角色的解读。

六、每个父亲都应该是独一无二的优秀教育家

每个父亲都有属于自己的教育理论。

在我看来，在众多今天被誉为经典的“教育思维”中，有很多都是小概率的教育成功案例，如卡尔·威特教育理论就是如此。

卡尔·威特不是教育家，他只是19世纪德国哈勒附近一个名叫洛赫的小村庄的牧师。52岁时，他的孩子才出生，但却是个智力有缺陷的孩子。连他的妻子也对这个孩子绝望了，但在卡尔·威特的努力下，儿子小卡尔日后成为19世纪德国一个著名的天才——他八九岁时即能自由运用六国语言，16岁便获得法学博士学位，之后被柏林大学聘为法学教授……

卡尔·威特，一个在没有孩子前便提出了育儿理论的牧师，他把自己的理论实践在儿子小卡尔·威特的身上，培养出了一位神童。1818年，《卡尔·威特的教育》一书第一次揭开了神童的面纱，而后三个世纪，屡次成为别人攻击的对象，却无法动摇其“教育经典”的权威地位。

他的教育理念是：神童不是上天创造的，而是后天培养出来的。他的成功，证明了教育孩子是有方法的这个道理。

之后的一些教育家都是从培养自己的孩子成功，来验证自己的教育方法，有些则是在前人基础上进行再创造。如斯托夫人的自然教育、赛德尔兹博士的自由王国等。

因此我觉得每个家长都能成为一名伟大的教育家，因为他们都能将孩子培养成“天才”，可惜的是最后能坚持下来的人不多，而能总结出自己成功经验的人就更少了。

七、关于我自己的教育理念

孩子的成长过程，通常分为两个时期。从进化论的角度而言，第一阶段，他们会极力讨好任何人，他们要可爱，要会引起父母关注，得到周围人的同情。因为他们要生存，要父母抚育他们，要周围的人照顾他们……然后他们长大了，进入第二个阶段，他们的翅膀开始硬了，开始懂得竞争，这也是大自然赋予他们的本能。

在进入第二阶段之前，孩子是我们的孩子，我们需要帮助他们打造他们的性格和人格，而不是一味地溺爱他们。作为一个父亲，我必须严格要求他们，但同时我也一直不断提升他们的爱心。这个爱心属于“大爱”的范畴，不仅对自己对家人对朋友，更是对这个社会甚至整个世界。我觉得一个人如果没有爱心，只懂得竞争，即使十分富有十分成功，也不会有太多幸福感可言。

我的教育观与我的童年环境是密切相关的。每个人从小到大，他的思维形成都和他的青少年时期息息相关。很多时候我在教育自己孩子，往往会联想到自己的童年及青少年时期是如何度过的。

我，出生在山东省乳山县(现已更名为乳山市)下徐家村的一个普通家庭中，我们那时的生活环境非常简单，读书是唯一的出路，不然就只能在家种地或经营一些小买卖。我家的条件在村里只能算温饱水平，而我父亲的教育方法非常简单：减少一切事物对我的干扰，让我一心一意地学习，对于我想买的书从不含糊。

后来我从村里考入县里的乳山一中，在当时实属不易。刚进中学时我并不突出，但很快我就在第一学期成为全校第一，并在之后一直保持着全校第一的状态。学习对我来说并不困难，我的秘诀在于活学活用。在16岁时我考上了大学。这主要应该归功于我从小在简单环境中的生存法则：没有干扰，注意力集中地一心读书。

但今天的孩子由于物质条件的提升，可玩的东西太多，导致注意力分散。大脑的能量本来就那么多，但是各个方面都要分配，自然会出现超负荷运转，其结果就是做每件事都效率低下。因此我希望能为自己的孩子创造一个认真读书的大环境，并且帮助他们一起排除各种不利于学习的干扰。

和那个年代相比，今天的教育难度比我们那时高很多，主要原因就是环境的复杂性，外界诱惑太大，物质过于丰富，唾手可得，其中有五种东西比较干扰我们的教育：电视、互联网、电子游戏、音乐(iPod)和手机。

对于这些因为外界环境而造成的问题，我是这样去克服的：

我在家里基本上不看电视，我的孩子也不看电视；我看新闻，他们也看新闻。

我在家也不听音乐，任何音乐都不听。他们喜欢听音乐我不反对，但我不鼓励。适当听听可以陶冶情操，但听多了可能变成噪声，会干扰孩子身心的发育。

我还是会给孩子买游戏机，最好的最新的游戏机都会买，只要有新的款式，我就买给他们，并且我还会和他们一起玩。我认为适当地玩游戏可以锻炼孩子眼睛、手、耳朵等身体部位的协调性，同时一起玩游戏可以培养孩子们的团队精神，但他们每周最多玩1~2次。

对于互联网，我不允许他们玩网络游戏，而更多地是教授他们如何利用互联网获得帮助他们学习的信息。这一过程是一个漫长的过程，但只要有耐心其实并不难。

在以上这样的基础上，我的教育理念的核心就是“家庭教育的回归”，父母应该担负起自己的责任与义务。面对孩子的教育与环境的变化，不一味扼杀，也不一味鼓励，而是懂得分析，乐于分享，打开孩子的视野，也打开自己的眼界。

八、与孩子一起建立共同的目标

有一种说法叫“孩子是父母生命的延续”，但很多时候我们会把这句话理解成，父母的理想往往变成了孩子的理想，父母的愿景最后变成了孩子的愿景，孩子的未来则成了父母的理想。

现在还有一种说法叫“散养”，或者说顺其自然，就是无目的性地培养孩子。持有这种观点的人，认为孩子有孩子的天性，他会在成长过程中逐步找到自己的人生位置和目标，不要对孩子有太多的干涉。可是我觉得在某些时候，一旦定位不当会很可怕，因为父母的盲目会导致对孩子教育上的盲目。打个比方来说，就像一家企业，从企业角度而言，没有目标和愿景的企业永远不可能使基业长青。

我对格林豪泰有这样的规定：提倡用人唯贤,反对用人唯亲。我自己首先带头，绝对不将自己的家人放到公司来做事。我更注重的是能者为王，谁能胜任谁来接替我的班。

因此我从来没有考虑过让孩子来接替我的位子，我只考虑一个问题，就是如何让我的孩子超越我，这是我为孩子定的第一目标。我相信我给孩子创造的环境比我父母给我的环境要强，生活条件要好，所能接触的知识领域要多。只有孩子超越了自己，从家族而言，从社会发展而言，才是符合世界的规律。但这很难，除了要有坚定的教育思维和目标，还需要有坚韧的毅力，要不然我们也将直接面对“富不过三代”的境地。

在Ashley的成长过程中，我不断地去观察她，同时我也用我的眼睛来看世界，并将这一世界与女儿分享。

在Ashley13岁的那一年，我们共同制定了她的人生目标：从政。对于从政，Ashley当时还有些犹豫，毕竟她无法了解何为政治，但现在正在逐步理解。

当孩子自己确定自己的目标之后，才能明白努力的方向，才能知道所学课程、所参加的兴趣班等对她的意义。而我也将我的教育思维与方法从培养孩子"简单成才"向培养"美国女政治家"的目标转变。

本着这样的希望，我写下了这本书。谢谢你打开这本书，和我一起分享我的教育经验。让我们一起点亮孩子们的前程，也是我们共同的前程。

九、我的大女儿Ashley

Ashley，聪明，心地善良，待人彬彬有礼，常常能站在别人的立场上考虑他人的感受，而且很爱自己的弟弟。她的各科功课都很平衡。小时候就表现出很广泛的兴趣爱好，什么东西都懂一点，缺点则是什么都不精通。而等她长大之后，做事开始有组织有计划，并且会学习爸爸身上的一些好的理念。喜欢什么，就会认真去做好它，懂得做一行爱一行的道理。

她性格乐观，很乐意跟爸爸妈妈还有周围的人沟通。如果在交流中产生冲突，她会知道应该多听大人的话。现在的Ashley，越来越喜欢探索这个世界，有自己的主见和观察世界的方式。

(一)关于我，Ashley！

问：你的人生梦想是什么？

答：也许在你们看来并不实际，但那确实是我所想：让世界变得更适合居住。当然还有一个小心愿：成为一名歌手。我想这两个愿望并不矛盾。

我当下的愿望就是能在学校继续保持优秀，进入一所优秀的大学。

问：你最近最感兴趣的事情是什么？

答：近年来，我发觉自己对我父亲的事业产生了兴趣，很希望深入了解他的工作内容。除此之外我对文学更感兴趣，喜欢去分析和解读其中的意义，那对我来说很有趣。

问：你最崇拜的明星或者名人是谁？

答：我没有最崇拜的名人，但我更关注能让我感到惊讶的著名人物，比如说奥普拉·温弗瑞(美国著名的脱口秀主持人)。

问：让你觉得最得意的事情是什么？

答：演讲比赛上，我获得了第四名，面对奖杯时我特别兴奋。这对我来说非常不容易——从不喜欢到喜欢，再到得奖。

问：让你觉得最丢脸的事情是什么？

答：将功课拖到最后一天才完成，不得不让我父母陪着我做作业直到凌晨4点。

问：你最喜欢的格言是什么？

答：有两个格言我非常喜欢：

"无论你走到哪里，无论遇到怎样的天气，用自己的阳光照出世界。"

"当毛毛虫以为自己的世界就此结束时，却最终变成了蝴蝶。"

(二)我是Ashley，我来说说我的爸爸

要让我形容我的爸爸，绝不是一件容易的事。首先你无法通过第一面就了解他是一个什么样的人，他具有多面性。有的人认为他很中庸，属于对任何人和事都很淡定的男人；有的人则觉得他非常有趣；还有的人则认为他是一个严厉的老板，对工作非常用心，并且有毅力。他绝对不会知难而退，相反会勇往直前，直到把事情解决。

而对我来说，他就是我的爸爸！

他是一个真诚、有趣并且聪明的爸爸。有时候他会发脾气，但还有时候他会像孩子一样的笑。我爸爸是一个非常特别的人。他对很多人都很严格，他会为你的成长做规划，让你学到更多东西。他见解非常高明，拥有丰富的生活常识，并且他善于从多个角度去看问题。

而最与众不同的地方是，他拥有一颗强大并且能够包容一切的心灵。

每当我们在路上看到乞丐，他都会给我一些钱让我去救济他们。

我的爸爸其实是个非常有趣的人，我喜欢和他一起玩。当我们开始玩强手(一种棋类游戏)或扑克牌时，他就变得像一个孩子，我们完全忘记年龄的差距，忘记彼此的关系，非常投入且兴奋地玩闹。

我喜欢我父亲的勤奋，他决定的事一定能坚持到最后，他的演讲能力一级棒，每个人都会被他的演讲所征服。除此之外，我欣赏父亲尊重每一个人，无论是强者还是弱者，并且他会真心地去关心身边的人。

当然，他的脾气不是特别好，一点小事就有可能让他大发雷霆。他非常关心别人，这是优点；缺点则是，到最后他忘记关心和照顾自己，我觉得他应该更加在意自己的身体。

虽然爸爸工作非常忙碌，但他每天都会抽出一定的时间和我，还有弟弟一起交流一天的经历。当我在功课上遇到问题时，他会给予我帮助。他同时也是个非常优秀的老师，能够教我们很多东西。

我为有这样的父亲而感到自豪。

十、我的小儿子Brian的个人介绍

他人比较安静，但他小时候很爱讲话，性格非常乐观，又比较谦逊。他的功课是班上最好的，但从来不会炫耀。

他的观察力与阅读理解能力远超过同龄人。他信奉“I can and I am doing good”(我可以，我能做得很好)。和姐姐一样，他非常喜欢探索，也非常喜欢问

为什么，很有主见。唯一的不足是，上课时他喜欢偷偷在下面看课外书，但被发现后，会及时调整并改进。

在学习方面，他比姐姐要聪明，但是姐姐比他更有领导力。姐弟俩平时经常互相交流，达成共识。中国有句话说：老二最聪明。其实不然，因为老大比老二大很多岁，很多知识都是老大传授给他的。孩子的成长也是一种模仿。Brian除了模仿大人以外，更多地是模仿他的姐姐。

(一)关于我，Brian!

问：你最大的梦想是什么？

答：我希望成为有史以来最成功的人之一。

问：你给自己定的近期或现实目标是什么？

答：提高我的英语成绩。

问：你最关心的学科或者领域是什么？

答：数学。

问：你平时最喜欢做的事是什么事？

答：打游戏机。

问：你最敬重的名人或者明星是谁？

答：林肯，因为他改变了世界，改变了黑人的命运，并给这个世界提出了“自由”的定义。

问：你觉得自己做得最令你自己自豪的事情是什么？

答：被邀请到美国首都参加“少年领导力课程”。

问：你最欣赏你父亲身上哪一点？

答：聪明，他非常聪明，同时他非常用心地帮助我们，希望我们变得更聪明。

问：你最讨厌你父亲身上哪个缺一点？

答：他对我们的惩罚有点重。

(二)Brian对父亲的评价：

我的父亲具有多重性格。他有时表现得很凶，但更多时候，他看上去无忧无虑，让人感觉很幸福。但不管怎样，我爸爸是个出色的人。

他依靠自己的天赋和优点创建了很多企业，包括连锁加盟的格林豪泰。

没有多少人能够拥有那样的成功，但是我爸爸可以，因为他非常聪明，有说服力，而且诚实。总之在我眼里，他有很多优点。

他的知识面非常广，每个人都能从他身上学到很多有益于自己的东西。他会真心实意地帮助别人。

我觉得爸爸有今天的成就，得益于他从不放弃，不断向前。他会身体力行地向我们灌输好的习惯和丰富的知识。

我爸爸不仅仅是个商人，还是一位非常棒的建筑师。爸爸能够成功的另一个原因是他工作非常努力，并且他经常废寝忘食地工作。遇到问题的时候，他会不遗余力地去面对去解决。这些都是他成功的原因。

在家里，他总是关心我们的学习和娱乐。我们经常在一起玩，但大多数时候我们都在工作。他希望我们将来能够像他一样成功。他也知道该如何管教我。他的严格让我感到头疼，但我知道他这样做是为了我的将来能更好。

在娱乐时间，我们一起做游戏，如强手和棋盘游戏等。与他玩的时候我总感觉其乐无穷。我认为他超越了很多人，我真的为父亲而感到骄傲。

第一章

父亲的智慧之灯

一、导语

在企业里，最苦的差事其实是做“老总”，企业的命运和兴亡都和其息息相关。不像员工，永远是“旱涝保收”的一群人。

在家庭中，除母亲之外，最辛苦的角色其实是做一个“称职父亲”——全家的顶梁柱和主要责任人。和母亲相反，他更多的是站在社会大局的角度来看待孩子的成长，提供给孩子更广阔的视野，以及伟岸宽广的胸怀。

企业里，我是创业者，是CEO。家庭中，我也是创业者，是丈夫，是父亲。CEO和父亲有个异曲同工的地方，就是更加关注自己的员工或家人。CEO会思考：如何培养优秀的员工？父亲会思考：如何培养优秀的孩子。

无论是对员工还是对孩子，他们希望在相同的平台和条件下，使同样从大学出来的员工，同样从母体里出来的孩子，与其他人有所不同，能力更加出色，表现更加优异。

而这些期望，就是CEO或者父亲对下属或者孩子潜意识能力的培养，有时候我也将其称之为“常识”。

潜意识(心理学家西格蒙德·弗洛伊德在其《精神分析学》理论中首先提出)，是指潜藏在我们一般意识底下的一股神秘力量，是相对于“意识”的一种思想。也就是存在但却未被开发与利用的能力。潜能的动力深藏在我们的深层意识当中，也就是我们的潜意识。

简单说，就是面对问题产生的第一反应。

对孩子来说，这可以体现出他们的综合能力。潜意识的开发和培养需要丰富的知识架构，同时也需要有完善的人生观、价值观以及道德观。

学校无法对孩子进行潜意识的开发和培养，这就需要家长通过日常与孩子不断地沟通，通过言教、身教和境教来逐步为孩子建立。

本章中，我身为"CEO父亲"，站在企业家的角度，提出了我自己的育儿观——开发孩子的"潜意识"，教孩子学会在面临各种问题的时候，如何适时做出最佳选择，同时挖掘孩子内在的潜能并将其激活。

二、我眼中的中国年轻人

我曾经带领过各种各样的团队，中国的和美国的都有。作为格林豪泰的CEO，这五年来我在中国接触了很多年轻人。我从这些年轻团队身上看到了今天这些“80后”“90后”身上的优点和所存在的问题。我不断观察和了解他们，运用自己“潜意识”的统计专业的优势，总结了一些当下年轻人身上的问题，并通过改变教育方法，避免让自己的孩子也养成这些缺点。

➡ 诟病1：抗压能力特别差

老板说你几句就要辞职，甚至闹着要跳楼。

一个人参与工作，在工作岗位上应该做好本职工作，拿着这份工资是给社会作贡献，做错事当然必须被批评。然而一些年轻人受不了这个，动不动就辞职，这是家庭教育环节出现的问题——被宠坏了。毕竟都是独生子女，从小就是全家重点保护的对象，没有吃过苦，更没有受过委屈，做错事几乎未受到过严厉批评。这种娇嫩脆弱的心灵，到了社会上，自然无法承受一点点委屈。

震惊全国的富士康跳楼事件，自杀者几乎都是20岁左右的年轻人，有些可能因为其他原因跳楼，但我看新闻报道，据说绝大部分还是因为顶不住工作压力而跳楼的。

➡ 诟病2：没有责任心

对于上司布置的工作经常会拖拉才完成，并且承诺的事最后总会有各种借口说做不到。这些都是年轻人极度缺乏责任心的表现。

相比中国的同龄人，国外的学生明显更为独立自主，愿意自己尝试去完成工作，而不是提出各种各样的要求。

我觉得现在的孩子缺乏责任心的原因主要有以下几点：

1.从小到大已经习惯了这种拖拉的作风。

2.从小获得锻炼的机会比较少，被父母过分保护。

3.不知道自己到底要什么，对任何事情都不在意。

我一直对员工说，华盛顿为什么能够成为总统？那是因为他把自己放在了总统的位置上，他的心里装的就是成为总统所应该思考的问题。同样，如果你想让你的孩子成为国家的总理，就要把他放在总理的位置，让他思考国家总理该思考的问题，让他感受国家总理应该负的责任。

4.遇到问题总能为自己找理由。

推脱，撒个小谎，编个小理由，以为老板都是傻瓜，这种想法非常糟糕。不从自身找问题，首先推卸责任是现在年轻人的又一通病。有一本书名叫《没有任何借口》，已经成为很多企业的入职必读书。

书里讲的是：杰伊还是西点军校学生时，就领悟到“没有任何借口”的精神力量。军校学生回答长官问题，只能说四句话：“是，长官！”“不是，长官！”“我不明白，长官”和“没问题，长官！”

借口是不能被容忍的。无论在什么情况下，士兵都要承担责任。制造和接受借口会产生一系列问题，从愤恨、抱怨、推诿、卸责、拖延发展成为部分或全部失败的恶性循环。当事人经常意识不到自己正在找借口，是因为这已经成为他(她)一种无知的、下意识的习惯，而这一习惯更因为和其他借口制造者的联合而变得更加顽固。要获得个人、企业和组织成功，“没有任何借口”是唯一的、完整而没有国界的方法；它是建立在自我责任、目标、服从、正直、宽容、自尊等稳固基础上的简单的、可操作的核心价值观和行动计划，帮助你重塑团队，并将你和你的组织带往更高水平，它让你敢于想象自己和企业不敢达到的高度(John Foppe是个典型)。

诟病3：好高骛远

很多孩子普遍对将来的生活和社会缺乏准确的认知和期望值。他们对工作的美好期望是：拿工资、受培养、获包容、无责罚……这是非常可怕的。

举例来说：孩子将来必须是要生活在自然的气候条件下的，如果在他成长的过程中，始终被置于一个室内的环境，那么将来到了风吹雨打的自然环境中，势必是会夭折的。自然界的动物也是一样的道理，被饲喂速冻鸡肉的老虎是无法在自然法则中存活的。

因此，是把孩子培养成能征善战的老虎，还是一只只能食用速冻鸡肉的老虎，这是每个父母需要思考的。最起码，要让孩子从小就明白，想拥有自己的事业、丰厚的物质生活，是需要付出劳动的，没有人会白白提供这些。这是第一点，也是最重要的一点。

然而一些父母却一直在误导孩子，尤其是一些家庭物质条件特别好的富裕家庭，他们的后代耳濡目染地认为：别人给自己提供服务是理所应当的，因为在自己20多年的人生中都是这样过来的。最终养成眼高手低，觉得什么都容易，却一事无成。在这种教育环境下，到底是“养”他还是“害”他呢？

诟病4：自我中心严重，团队精神缺失

一个人的智商，如果不能体现在工作上，就是零分。

有一些年轻人，如果个人的利益被牺牲，或没有得到满足，就会开始怨天尤人。而今天，网络空间、网络游戏、音乐等科技手段，形成了新的“独立社会”，这导致他们更关注于享受“独立的空间”而忽略他人，忽略自己的工作，导致社交能力和服务理念都变得很差，甚至缺乏最基本的礼仪常识。

以上这些问题，我绝对不允许在我的孩子身上发生，一旦有点苗头，作为父亲，我必须提前掐灭在萌芽中。

我一直用开玩笑的口吻跟孩子们打比方说："有时候，没准猪比你还聪明呢。如果猪也有IQ测试，你们怎么知道猪一定不聪明呢，只不过它没办法表达自己的思想罢了，你又不是猪，你不知道它在想些什么。"那么我们该如何分辨一个人是不是聪明呢，就是通过他的一言一行来判断。

对于我的员工，我也试图通过入职考试、对话、面试、培训、试用等方式来全面了解一个人，尽量避免员工身上在正式入职后还存在以上这些问题。我希望每一位员工都有最基本的综合能力，如果他们在某些方面能更强一些，在格林豪泰连锁酒店中，他们上升的空间将是无限的。

➡ TIPS

格林豪泰的招聘流程和人才选拔条件

一、格林豪泰招聘员工的原则

(一)首先要认可我们企业的价值观，一个人没有好的价值观，就不会有好的发展。

(二)不要一开始就提出太多的要求。如果你的要求太多，那么一定不会找到很多合适的人，所以包括开始的考试等，都可以等到大家面试接触之后再开始，特别是对于有经验的人更是这样。

(三)这些是针对大学生招聘的一些方式，现在对于有经验的店长来说，我们更重视他们的经验和表现。他们过去的轨迹基本上决定了将来的发展方向。

(四)进行面试情况反馈时，要实事求是，不要轻易下结论。

二、格林豪泰的核心价值观

(一)客人的利益永远第一,为客人提供超值的产品和服务是我们的职责。

(二)处理问题要公正、合理、透明,以身作则去关心培养员工,逼你成才。

(三)过程和结果一样重要!遵循原则,简化流程,节约成本,提高效率,勇于创新,创造利润。

三、招聘流程

(一)基本流程

1. 线上IQ/EQ/道德观测试;

2. 写作能力测试;

3. 专业知识笔试、初试;

4. 背景调查;

5. 用人部门复试。

(二)流程具体说明

1. IQ题包含数字推理、图形分析、逻辑推理题;

2. EQ是性格倾向测试;

3. 道德观是情景分析题;

4. 写作考核候选人的书面表达能力,判断个人的价值观等;

5. 背景调查了解候选人的工作背景、家庭背景及亲友对其的评价,从多方面了解信息;

6. 复试中会重点了解候选人工作以外的经历,包括在校期间表现、家庭教育、交友情况等。

四、格林豪泰看中怎样的大学生

(一)要有一定的表达能力,包括写作、面谈等,我们希望每个应聘者都能够流畅表达，条理清晰；

（二）主动沟通和团队参与的能力，积极参加学校和社会活动；

（三）过去有过组织协调的经验，有足够的服务意识；

（四）解决问题的思路及能力——要有一定的常识；

（五）吃苦，坚持不懈——要从过去的工作轨迹中看到；

（六）抗压及冲突管理能力——要从过去的工作经验中找到；

（七）勤奋、努力程度——要从过去的学习以及工作经验中找到；

（八）家庭氛围是否积极向上，是否有正确的人生观、价值观；

（九）考查工作意愿——为什么而工作非常重要；

（十）举止、仪容得体；精神面貌良好；热情、亲和；是否了解自己的长处和不足——一个人基本的礼貌礼仪也决定了他是否能够成为一个非常合适的团队成员。

曙光语录

◎ 年轻人会犯错、会失误，这很正常，但是错误也应当体现其能力价值——改正它，完善自己。

◎ 一个人的过错可能不全因为自己，但要首先看自己错在哪里。

◎ 即使我们身上的缺陷是由社会造成的，这也不能成为我们消极应对的借口——从自己身上查找原因，本身就是一种有责任心的体现。

三、最棒的父亲就是最优秀的统计学家

即使我拥有如今这样庞大的企业，即使我的身份地位被冠为美国华裔房地产商，格林豪泰酒店管理集团董事长兼总裁，但是做“父亲”，我同样“白手起家”。

像所有初为人父的男人一样，无论他条件如何，身份贵贱，第一次做父亲，就像第一次创业，全靠摸索与探索齐头并进。

身为CEO，我管理着我的企业和我的员工，这方面我有过去和现在的成功经验，我得心应手，即使有挫折与阻碍，也丝毫不影响我的斗志。

身为父亲，天生的父性让我用本能来呵护及教养我的孩子，而骨子里后天拥有的系统化的严谨态度，又时刻提醒着自己应该成为更优秀也更有创造力的父亲。

打个比方说，世上有两种教练是最成功的：一是自己在相关领域中有过成功经验的——这也是绝大多数成功教练的类型；第二种就是统计学家——欧洲有一个年薪980万欧元的足球教练，自己并不是一名足球运动员，但他是个很棒的教练，他懂得用统计学的方式来分析他人踢球的不同战略战术以及其成功的概率，提取精华，再教授给球员。

但这里需要补充说明一下，足球教练的“统计”方式与“育儿”统计方式有差异性，“育儿”统计强调的是别人的成功方法对自己孩子不一定有用，需要根据孩子的不同情况、不同成长阶段量体裁衣，执两用中，进行归纳、整理并形成父母自己的教育方式。

从Ashley出生的第一天起，我就在思考，思考如何迅速地将自己变身为“成熟老爸”，或者说，孩子眼里的成功教练。

因此我想，第一种教练的条件我不具备。Ashley是我的长女，作为父亲我要和她一起学习成长的经验。那么，第二种教练的路径如何呢？

大学时我学的是自动控制专业，硕士读的是应用数学和电脑工程，而博士专业则读的是金融与运营研究。我做的第一份实习工作又和统计有关，这些学习经历让我对数字特别敏感，并且我的思维方式也是相当数字化的。

那么刚好就与擅长“统计学”的第二种优秀教练不谋而合。

同时我的经验及个人阅历告诉我自己，人如果精通一门学科，自然也就能将其中的奥妙和智慧运用到生活中，看问题的方式也会与他人有所不同。

数字式的培养思维，基础就是“父亲”的观察力

一个好父亲，一个有着敏锐观察力的父亲，容易在周遭看似无关的信息里，推理和统计出对自己教育孩子有所帮助的方式和方法。而只有良好的观察力还不够，还需要深层次的思考，将自己观察到的东西转化为数字和图像，在大脑中进行运转，最终提纯出一些有用的东西。

比如我们全家吃饭的时候，搛菜都是用公筷。这是因为有了孩子后，我开始注意到不同生活方式会给我们的健康带来影响。

当时我比较了中国、日本等国人民的饮食习惯，研究各种来源的健康说法，发现筷子使用不当，容易在饭桌上传播疾病，影响家人健康。而从照顾他人感受的角度说，保持就餐卫生并体恤到同餐人的心情，可以教会我的子女懂得在这个环境污染严重的世界上保护自己，也善待他人。

这就是父亲和母亲在视野方向上的大不同。母亲更多关注的是生活细节，例如筷子的做工、原料以及卫生程度。而父亲，会观察到筷子背后的世界，以及这个世界带给孩子的深远影响。

曙光语录

◎ 育儿是门严谨的科学，好父亲用好谋略换取儿女的成长。

◎ 养育孩子同样要发挥性别优势，父亲就该引领孩子去探索更大的世界。

四、我只做胜算大的事

成为像郎朗一样的钢琴家、像杨丽萍一样的舞蹈家、像陈逸飞一样的艺术家的概率实在太低。中国有句古话叫“胜者为王”，在以上这些领域中，如果你不能成为这个行业的第一，那么你将被遗忘，在中国如此，在美国也是如此。

在美国求学和工作的过程中，通过观察和个人分析，我提炼出一个观点：“做事一定要做大概率的事情”，这在今天已经变成我的人生哲学。我从来不会反对别人去做小概率事件，但我会提醒他们当成功概率小于1%时不要去做，否则成功时你将风光无限，而失败则有可能摔得粉身碎骨。

我说过培养孩子犹如创业一样充满挑战和乐趣。不同的是创业一旦失败，可以重来，但是培养一个孩子，对一个父亲来说，只许成功不许失败。而所谓的成功并非孩子一定每次都要考100分，但至少从来不会不及格。

不及格对孩子意味着什么？意味着需要浪费时间去补课、补考，严重的甚至留级、厌学……

因此，当我送Ashley去学钢琴、学芭蕾、学绘画、学跆拳道等的时候，并没有抱存Ashley能在这些方面有所建树的心态，而是更多着眼于“大概率的成功”——培养女孩子应有的修养。学这些，至少对一个少女来说，有助于未来气质的培养，以及个人修养的养成。

很多做投资的，或者经商的高手都知道一句名言——不要将所有鸡蛋都放在一个篮子里。

这就是为什么我一直反对“偏才偏科”的原因。美国人也有这样的观点——不提倡偏才生。美国人也都知道辍学者中能成为乔布斯和比尔·盖茨的人寥寥无几。从“大概率”角度来说，能出现像韩寒一样的人物概率极低，并且他是在社会与教育转型中所诞生的人物，是当今时势造英雄的产物。然而很多父母，包括我身边也有一些朋友让孩子开始跟风走“新概念作文大赛”这座成才的独木桥，最终成功者屈指可数。

成功和个性一样，是无法复制的。条条大路通罗马，这样普遍的真理才是永恒的。

而在中国，有很多父母很盲目，看到一个郎朗的诞生，就赶紧送孩子去学钢琴，希望孩子将来也能成为郎朗；看到韩寒的诞生，就赶紧送孩子去参加新概念作文大赛。我并不反对他们去培养自己孩子成为“郎朗”或者“韩寒”，但我担心的是，因为这些父母的盲目乐观以及过高的期许，无形中将压力转移到孩子身上，最后很有可能害了孩子，甚至让孩子产生厌学的心理。

我对Ashley的培养方式，就是在她还不能自主决定自己的爱好与追求之前，为了最高的成功率，我选择不去走独木桥，而是选择大多数人都有可能成才的道路。也许未来她全都不喜欢，或者只喜欢其中一科，都没关系。作为父亲，为她梦想的罗马铺好条条大路，而她也最终会找到最适合她，成功概率也最高的一条路。

当然，如果孩子意外的“偏才偏科”，在某方面有特殊的长处，并且发展了她自己的爱好，我也不会扼杀之，相反可能根据情况给予很多的支持与指导，我会更加注意培养孩子其他学科的知识积累，只有搭好平衡稳固的基础，才能攀上高峰，要达到偏才的高峰也是如此。

一句话：适当地培养，但绝不要杀鸡取卵。

曙光语录

◎ 别把培养孩子视作和赌博一样的非赢即输事件，孩子的成长只有一个机会，因为输不起，所以别去赌。

◎ “条条大路通罗马”，这是永恒的真理，放在育儿上也是如此。

五、孩子是我的生命“事业”

我一直在让Ashley明白一个道理。那是我的父亲，她的爷爷，在我还很小的时候就传递给我的一段精神，用中国成语简单地说，就是“积少成多”。

我今日的事业是财富与智慧的双重积累，那么Ashley的学业，也需要这样的积累。我相信一个男人的基业，和一个孩子的学业，打造的方式与手段是一样重要的。

小时候的我挺喜欢看书，而且阅读速度也比同龄同学要快，但是有一点，看书真的要看进去是很难的，往往看了前面几页就不耐烦地将书搁置到一边去了。那时我的父亲便和我说：“读书不是说一定要把书读完。当你想翻阅这本书的时候，它一定有吸引你的地方，将这部分读完、读懂，并理解，即使只有一页，这一页带给你的价值也会超过这本书的价格。”

自那时起，我学会了用“一页概念”去学习，我对自己说，如果我每天都能认真读1页，那么在10年后，我将比我身边的人多读3 650页，字数将超过200万字。说起来容易，真正能坚持下来的人非常少。作为父母，尤其是我作为父亲，如果自己连这点都做不到，又如何对孩子“以身作则”呢？

尤其当我们希望孩子去做某件事的时候，孩子却并不理解父母的良苦用心，表面上唯唯诺诺，结果心不甘情不愿地去执行。这时言传身教的重要性就体现出来了。就像我们父女聊天的时候，我会和她谈谈我的事业、我的公司和我的员工，我和她分享一些小小的经验和心得，告诉她我是如何通过这种方式取得成功的。

像制订企业规划一样，我为Ashley制订学习计划的时候，便时常同理可证。比如我对她的要求是每天能记1个英文单词，1个中文成语，我对她说：“你每天都能学到一个新的单词、成语，这样你一年下来就会比你的同学多学365个单词，十年下来就是3 650个。”这样沟通过后，她觉得能理解我的用心，且感觉轻松而毫无压力。从另一层面上说，作为家长，不但帮助孩子找到学习的捷径，更提升了学习质量。Ashley也十分感激我提供给她这样一个好方法。

同时，我让她在书包里每天带上一本她自己喜欢看的课外书。这本书主要是让她在空闲时随手翻阅，也可与自己的好朋友共同分享。这本书有没有看完不重要，重要的是她认真看过其中她认为有趣并有用的部分。而到下个月，我会为她换一本新的课外书……这样的训练及阅读方式，Ashley已经坚持了近五年，并获益匪浅。

中国古语的“积少成多”的精髓便在于此。管理企业的时候，大家都知道按部门分工来协作一个项目，会比一大群人一起扑在一个项目上有效率且轻松得多。

而对一个孩子来说，一个人面对一摊作业及一堆厚重的书本，会感觉负担很重、压力很大。作为父母如果将“坚持和积累”的精华传递给孩子，简单地告诉他们可以通过整理和细分，拆分复杂的功课和学习过程，例如一个作业可以分拆到每个早上、中午、下午和晚上分别完成，就像少食多餐，孩子不会觉得累、有压力，学习的效果却事半功倍。

曙光语录

◎ 不积跬步，无以致千里——学习、事业、人生皆如此，父女适用，老少咸宜。

六、从小养个“7+2高效人士”

因为工作的关系，让我有机会接触很多包括哈佛大学、清华大学、北京大学等国内外名校的毕业生。尽管他们是青年一代的佼佼者，但是身上仍有不少同龄人所普遍具有的“顽疾”——缺乏责任心、做事拖拉、不擅管理时间。

作为一名父亲，我当然不希望在自己的孩子身上也出现类似的情况，因此，从很早开始我就列出了9个孩子们必须从小就养成的习惯，简称“7+2”法则。

“7”——高效能人士的好习惯

发现《高效能人士的七个习惯》这本书纯属意外。但这并不影响我对这本书“一见钟情”——书中总结的7个习惯在我看来都非常重要。这7个习惯分别是：主动积极、以终为始、要事第一、双赢思维、知彼解己、统合综效、不断更新(具体内容会在本节末TIPS中简述)。唯一的问题是，如何让Ashley和Brian消化这7个习惯的内涵并且运用于实际生活。

对于当时只有11岁的Ashley和更小的Brian，我采用了通读的方式让他们接触这本书，因为在短时间内要理解这7个习惯，对年幼的孩子来说显然是不现实的。我一共买了2本书，我一本，Ashley和Brian共看一本，分头阅读。

很快地，全家就完成了第一遍的浏览，并能对一些习惯进行背诵。尽管我知道他们并不完全理解其中的含义，但我还是为此高兴了好一阵子。

第二次阅读的时候，我要求姐弟俩分享心得，并交流讨论7个习惯的实际运用方式，遇到讨论无效的情形，则由我向他们阐释其中的意思。

现在，Ashley和Brian不但能够熟练背诵这7个习惯，并已将其逐步运用于自己的学习和生活中，这让我很有成就感。好习惯需要在儿时就进行培养，只要适时地帮助孩子们用他们自己的方式进行理解，成人的习惯对孩子也一样适用。

这里对7个习惯不着重解读，如果有兴趣的朋友可以去购买这本《高效能人士的七个习惯》一书，我着重来说说自创的“2式习惯”。

➡“2式习惯”——CTD & PFA

CTD和PFA是我除了“高效能人士的七个习惯”之外另立的2个重要习惯。

CTD即Connecting the Dots，用中文可以解释为“对接”。简单地说，就是通过主动地思考，使生活中遇到的每件事、每个人，甚至每件物品，都能和自己发生关联。这一概念与“Mind Mapping”——思维导图(同名书籍由东尼·博赞撰写)有相似之处。

举例来说：当你看到一瓶矿泉水时，便能联想到水是宝贵的，应当节约用水、保护环境，最后关联到自己身上，即“我从刷牙开始就要注意如何节约用水”。以上就是通过主动思考让矿泉水与自己发生关联的过程。当然“发生关联”的途径是多种多样的。

同样是一瓶矿泉水，我们还能得出这样的关联结果：我必须更男人一些(当你了解到整个思维过程，就会发现其实这一点儿也不离谱)。思考过程如下：邻苯二甲酸盐是制作塑料瓶时经常使用的添加剂，它具有类雌激素作用，男性饮用塑料瓶装饮料后可能会影响体内激素的正常分泌，从而导致男性特征的减退和女性特征的显现。显然饮用瓶装饮料是很难避免的，那么对个人来说，男性就应该不断去锻炼自己的体格，让自己变得更加强壮、更MAN一些。

“Connecting the Dots”有两大好处：

1. 体现在记忆力的培养上：孩子能通过联想，迅速记住新接触的生词、事物，同时唤醒大脑中已有的知识，达到温故而知新的效果。

2. Connecting the Dots=Path，为你建立解决问题的“路径”，从而为孩子建立一种解决问题的思考方法，这非常重要，很多年轻人在工作中遇到了问题并不是没有能力去解决，而是不知道如何去解决，从哪里着手，每一步该怎么做。CTD的作用在此刻就体现出来了。

PFA即Plan for All，意指随时随地做计划，为一切事情做计划。一分为二地说，这一方面是指进行每日工作安排；另一方面是指分解工作类别并进行重组。中国有句古语：好记性不如烂笔头，也表达了计划的重要性——哪怕你是天才，也难免会有疏漏的地方，我们永远都不能太高估自己的大脑。

每日工作安排的意义在于培养孩子的评估能力——评估其所面对的学习、活动和工作的能力。

培养Ashley养成安排每日工作这个习惯的过程并非一帆风顺。她和所有的孩子一样，对新鲜事物具有热情和冲劲，但也容易因为期望与现实间的差距而产生放弃的念头。刚开始的时候，Ashley能够按照自己制订的计划恪守执行，但第三天的时候她就有了偷懒的迹象，到了第四天，如果我不督促她便会将计划抛之脑后。究其根本，产生这一问题的原因在于，计划的要求高于孩子所具备的能力和时间可控范围，使得Ashley落实计划时总难免产生这样或那样的偏差，从而让她产生了“计划无用”的想法，甚至放弃制订计划的念头。很多年轻人用“计划赶不上变化”来做解释，但在我看来，遇到困难只想退却实在是一个人无能的表现。

相对每日工作安排所针对的评估能力的培养，“分解工作”更具有实效性，它有助于孩子高效地完成各项学习和生活任务，从而减小其课业负担。如果合理地将各种类型的任务分解并重组，那么孩子凌晨2点仍然奋笔疾书的情况就不会再出现。这个秘密也是我从Ashley身上发现的。

Ashley每天要做的事情很多，在学校除了有正式课程，还有兴趣班，在校外要做义工，回家后还要对付家庭作业和学校作业。虽然她常常能把各项任务安排得井井有条，但偶尔也会出现时间不够用的情况。事实上，美国的学校作业不仅包括当天作业，更多的是一周作业。如果能够合理拆分各项作业，安排到不同的日子去完成，Ashley完全有能力完成各项任务。意识到这点之后，我和她的母亲每天和她一起对当下的所有任务(包括学校的作业和个人工作)进行评估，帮助她将这些工作分解到不同的时间段内逐一完成。之后Ashley的工作效率确实提高了不少，也没有出现再将作业做到深夜的情况。

在制订计划的整个过程中，有一个关键点，即对工作量的预判。孩子们常常会低估完成任务所需要的时间，这时候就需要成人的帮助——去一起制订一份切实可行的计划。当然，除此之外还有一个问题是作为家长的我们必须关注的：千万要杜绝孩子的拖拉作风。将作业拖到最后一刻，也是PFA的天敌。

➡ TIPS

高效能人士的七个习惯

一、主动积极——个人愿景的原则

不抱怨、不责怪、不在心情低落时做决定，对自己负责，对将来负责。

二、以终为始——自我领导的原则

拥有明确目标、事无巨细、一切从目标出发。

三、习惯三：要事第一——自我管理的原则

排除随机事件的干扰，泰山崩于前而不动——永远知道什么最重要。

四、双赢思维——人际领导的原则

正直、成熟、拥有富足的心态，他人的利益不妨碍你的利益。

五、知彼解己——同理心交流的原则

先倾听对方、后敞开自己，沟通不只是语言游戏。

六、统合综效——创造性合作的原则

不小觑集思广益的威力，以接纳心态换众志成城。

七、不断更新——自我成长的原则

Keep on walking，自省、自检、自我提升。

曙光语录

◎ 即使是细小之处，也能挖出很多道道——教育孩子是个全面活儿。

◎ 良好的习惯需要从小培养，这对爸妈和孩子都是一项挑战
大家都需要耐心和坚持。

◎ Connecting the Dots——找到解决问题的路径。

七、身教+言教：给孩子一双翅膀，他就能飞

榜样的力量是无穷的，几乎所有的育儿专家都提倡“言教不如身教”，我非常同意，这不仅对孩子，对成人也是如此，上梁不正下梁歪，好的主管才会有好的下属。我时常对管理层唠叨：“你们的一言一行不仅代表公司，更体现了你自己以及你儿女的形象和未来。”

我经常在中美之间往返出差，每次光调时差就要花上一个礼拜左右的时间。中国和美国的时差大约是十五六个小时，我和中国的同事经常开会讨论，不知不觉就快天亮了。但我一定要保证自己每天至少有五六个小时的睡眠。因此，我在美国家里的作息基本上是颠倒的。每天凌晨才入睡，中午快11点钟才起来。

本来这是件无可厚非的事情。每天下午我主要处理美国公司的事务，晚上则处理格林豪泰中国这边的事情。有时我偷懒一下，就做不到今日事今日毕，只能拖到第二天……直到有一天，我读到一篇孩子发给我的日志，开始意识到问题的严重性。

Ashley在日志里这样写：“周末终于能睡个懒觉，可以跟爸爸一样睡到11点起来。”我看到这里就觉得不对了。虽然我没有偷懒，但孩子不会看到这些，她只看到爸爸是上午11点钟才起床的，因此就要和爸爸一样。她甚至认为，11点起床挺好的，哪怕晚上迟睡一点(她也非常喜欢熬夜)。当然，她平常也是不能睡懒觉，因为早上7点半要上课。我们也不允许她晚睡。但无论如何，我显

然在睡觉这件事上，给她做了个坏榜样。但是我的实际情况又没办法保证自己做到早睡早起，给孩子以身作则做个好榜样。这是我一直在头疼的一件事。

孩子还小的时候，你没办法和她讲道理，和她说明为什么爸爸需要这样的作息。你不可能对她说，爸爸晚睡晚起是因为工作需要。这个在大人看来非常合理的理由，到了孩子那里，他们不太可能理解，他们只会想，为什么我上学却一定要早睡早起，这其中的差别到底在哪里？

我听过一个故事，说的是有个人非常喜欢喝酒，每天下班后，他都要到附近的酒馆喝几杯，经常喝到半夜才醉醺醺地回家。

有一天，天空下起鹅毛大雪，积雪把路铺了厚厚的一层。下班后，他和往常一样向酒馆走去，走着走着，他听到后面发出奇怪的声音。他回头一看，原来是放学的儿子。

儿子正顺着父亲的脚印走过来，他的小脸因为兴奋而涨得通红："爸爸你看，我正在踩着你的脚印呢！这多有趣！"

儿子的话让父亲心头一震，他立刻意识到："如果我去酒馆，儿子顺着我的路走，也会找到酒馆的。"

父亲马上改变了行走的路线，向家的方向走去。从那以后，他改掉了酗酒的习惯，再也没有去酒馆。

这个故事说明，小孩子的模仿能力非常强，攀比心理也很重，还没有建立正确的是非观，只看见父母怎么做，就也怎么做，因此很容易就学会父母的一些坏习惯。此刻，"身教"的重要性，显而易见。

但与其强调"言教不如身教"，我更想突出"身教"与"言教"的统一性。先来说一个我曾不断思考的问题——孩子为什么会产生叛逆的心理和行为？

我和我的美国老师以及中国老师都有过讨论，最后我们得出两个主要结论：

（一）孩子在成长过程中，对世界的认识是不断改变的，而在这一改变过程中如果缺少有效的引导，就容易引发孩子心理上的叛逆。例如大多数父母往往喜欢用命令的口吻让孩子去读书，去学习，而当孩子没考出好成绩时，父母只会一味批评和数落，而不是和孩子一起找出问题并解决问题。

（二）家长的言教与身教如果不符，孩子也会因对父母自己说一套做一套十分不满，从而产生叛逆情绪。例如当孩子在“被迫”埋头苦读时，却看见父母在客厅看电视，闲聊或者外出和邻里打牌。我不是说作为父母不能看电视，不能有自己的娱乐生活，但这些行为如果不注意，往往会让孩子无声无息地看在眼里，记在心里。孩子嘴巴不说，其实心里犯着嘀咕，时间长了，一有机会就“叛逆”了。

由此可见，“身教”与“言教”的不统一不仅无法培养好孩子，甚至还有可能出现更可怕的后果。

这里就对父母有一个要求，即不能“两面派”，父母不能给自己找借口，自己在家里轻松休息而要求孩子去学习。因为在整日的工作中，孩子和父母同样辛苦劳作了8个小时，甚至更多。父母可以在家做家务，但是不能一面自己躺在沙发上看电视，一面对孩子说：你该去做功课了。

因此，当孩子上学后，我便和我太太约法三章，家里的电视只看新闻，其他节目一律不看。如果我太太要看肥皂剧，可以通过网上下载或购买光盘，当孩子还在学校的时候看。

➡ TIPS

父亲的身教和言教

对男孩来说，父亲的一言一行会传递给他如何做一个男人的信息。

而对女孩来说，父亲的一言一行，则会影响她对男性的认识和看法。

一个好父亲不仅让孩子敬畏他，也更信服他的能力和言语。一位老板曾说过：“我不会雇用一个反抗自己父亲的年轻人。他在我这里也会惹麻烦的。”

相对母亲来说，父亲的榜样作用更重要。

如果你经常酗酒，那么你的儿子可能也会成为一个酒鬼；如果你经常对家人发火，你的孩子们也会脾气粗暴；如果你不尊重自己的父母，孩子们将来也不会尊重你。

教育孩子的实质也是教育自己，而自我教育则是父母影响孩子最有力的方法。要想把孩子培养成自信、自强、自爱的人，作为父亲首先就要让自己成为一个顶天立地的男子汉。

曙光语录

◎ 通过监督孩子的行为来约束自己，教育孩子也是完善自己的过程。

◎ 父亲的责任不仅仅是让孩子吃饱和穿暖，更重要的是成为一个具有正面示范作用的榜样。这有点难，但不是不可能。

八、境教：给孩子一片天空，他就能飞

“言教”，顾名思义就是说教；“身教”是指依靠榜样的力量来感染；“境教”则是指创造环境(environment)。因此可以利用“境教”，即创造环境的方法，帮助孩子学习。而“境教”在实际应用中，又分为两种：一种是“大环境”教育，就是父母为让孩子能够专心学习、潜心工作，特意营造的一个健康的、远离外界干扰的家庭环境或者优质的学习空间；另一种则是为了让孩子迅速掌握一种学科而营造的知识环境。

北宋周敦颐的《爱莲说》是我所喜欢的文章。里面有这样一段——“水陆草木之花，可爱者甚蕃。晋陶渊明独爱菊；自李唐来，世人甚爱牡丹；予独爱莲之出淤泥而不染，濯清涟而不妖，中通外直，不蔓不枝，香远益清，亭亭净植，可远观而不可亵玩焉。”

尤其是其中那句“出淤泥而不染，濯清涟而不妖”，形容了人格上的最高境界。对于这种人格的培养，很多人将其归功于长期的“身教”与“言教”的结果，这“淤泥”则被认为是不好的环境，这一说法我不是很认同。

我喜欢反过来思考问题，“淤泥”对于“荷花”来说反而是好的环境，它为荷花提供了养分，而这“养分”让荷花形成出淤泥而不染的能力。由此可以得出，人格的培养来自“境教”，而“境教”的培养从某种意义来说是培养孩子的潜意识能力。

➡“境教”之大环境打造篇

——孩子要静心，我就帮他吸走所有的杂音

我们今天生活在一个物质条件还算丰富的大环境里，而幸福生活容易让我们

放松并停止前进。日本的大前研一教授提出过“低智商社会”一说，指的就是因为物质条件的丰富和科学技术的发展，导致今日的人们放弃思考，从而思维退化。

我的公司每次有新员工加入，我都会对他们说下面的话：“一个人攀登珠穆朗玛峰，如果在攀登过程中，他的周围出现酒吧、餐厅、宾馆、游戏机房等，那么这个人永远不可能攀到顶峰。”这就是我对他们的要求：请为自己在向目标进发的路途中，刻意并努力营造一个毫无干扰的环境，这个环境能帮助你成功登顶。

在Ashley还在读幼儿园的时候，我就意识到这点，虽然在美国我们所居住的地方属于中产阶级社区，我却坚持为孩子营造一个保留淳朴实在风气的家庭氛围和环境。

在我家，没有很奢侈的家具，也没有值得炫耀的科技产品。我个人对名家艺术作品也没太多感觉，整个装修风格类似电视剧《成长的烦恼》里的那种感觉，家用汽车也并不豪华，这其中有我刻意为之的原因，也有我的性格和习惯的原因。

富裕，但不失淳朴与低调，过平常人家的平常日子。这是我和我太太努力创造的家庭氛围。目的是让孩子从小能意识到自己的平凡和普通，和别人没有什么不同，绝不会因奢靡的环境而迷失了方向，能够较为单一地去做好自己的分内事——22岁大学毕业之前为自己打下良好的知识基础。

上面说的是物质环境，其实“境教”中还有一个精神层面的环境——例如我们一直致力于为孩子们营造一个奋发、努力向上的精神环境。

例如每次在家，我都不会去看电视、看电影，状态始终处于努力学习和认真工作中。孩子们和我在一起时，容易被我的投入工作和聚精会神的学习态度所感染，让他们觉得学习和工作是当下最重要的事之一。这种“身教”加“境教”的教育方式对我来说不是什么难事，因为工作和学习早已和我融为了一体，孩子们很容易就能看出他们的爸爸到底是真的在工作学习还是做做样子。

不仅是学习和工作，就是在为人处世、上进心以及礼貌修养方面，父母也要给孩子做出榜样。对父母来说，也是自我改进、自我完善的动力。

最后我想说一下，我们这代人小时候因为家里穷，没有获得良好的生活与学习环境，而现在我们有了好的生活条件与学习环境，更需要我们通过各种手段来淡化当下过于优裕的条件，为孩子营造适合读书的、毫无干扰的宁静环境，只有这样我们辛苦赚来的钱才不会害了孩子。

➡“境教”之小环境打造篇
——孩子要学飞，我就给他一片装满了翅膀的天空

再出色的英语老师也不可能在一年内教孩子说一口流利的英文，但把孩子送到国外，可能不用一年，他的英文就会非常棒。这就是环境造成的巨大影响。

以学习英文为例，为什么把孩子放到国外一年就可以把英文练得很好，因为他24小时所看、所听、所接触的都是英文。如果父母可以将孩子的所有感官与他所需要学的知识关联在一起，他的学习能力就会非常强。

大概在10年前，国内就开始流行“英语角”(English Corner)，因为我们的学生总是将不能学好英语怪罪于没有好的环境，但是当你没有机会去国外，没有机会进入完全说英语的圈子，或者由于害羞不敢去英语角，难道就学不好英语了？

如果是在我家，一切都非常简单。即使在国内学习英文，父母可以早晨一起来，就把收音机调到英文频道，只要在家电视播放的永远是CCTV-NEWS(英文频道)，所有他学不会的英文单词贴在他床头、饭桌上……只要孩子去到的地方，全部是英文的环境，这样，不用三年，你孩子的英文绝对远远超过周围的孩子。因为每天即使多接触一个英文单词，日积月累下来他就会比别人优秀很多。

Brian学地理曾经很费劲，他总是记不住各个国家所在的位置，即使我无数次为他解读地图，但他依旧无法记住。当然我觉得这不仅仅是Brian的问题，在美国有很多学生也弄不清地图，这也就是为什么今天我们看到很多报道说美国人搞不清中国到底在哪儿的原因。

为了让Brian能熟知地理，我将地图放在饭桌下面，挂在他书桌正对着的墙上，粘在他睡觉正对着的天花板上，即便是他每次出门穿鞋的地方也都被我挂上了地图。如此每日耳濡目染下来，他很快就进步了。智利地震的时候，我随口问他智利在哪，他立刻能回答：就是其中的一个“牙齿”。这就是一个好的教育环境所带来的成功。

这种创造环境的教育方式比起中国传统的填鸭式、呵斥型、命令型等教育

方式，无疑应成为现代教育的主要方式。

TIPS

利用环境的学习法

孩子的教育往往是在日常生活中点滴积累而成，一些简单的小事，都可以成为教育孩子、引导孩子的样本。教育孩子，不是要给他们下命令、派任务，那样只会让他们更反感，造就他们的叛逆心理。相反，从日常生活中学起，不仅符合孩子学习领悟的规律，而且能够鼓励孩子的主动性，意识到人生目标对自己的重要性，从而培养他(她)努力实现自己人生目标的主动性。

孩子读书跟不上，很多时候是父母没有找到合适的方法帮助孩子去学习。建议父母们试着换一种思维去帮助孩子学习，对于喜欢尝鲜，并且视觉、听觉接受能力超强的孩子而言，营造环境是一种不错的方法。

曙光语录

◎ 宠溺不是爱孩子的表现，有钱更不是宠溺孩子的理由。

◎ 不要让家庭的富足成为孕育孩子骄奢淫逸的温床。

◎ 平静朴实的居家环境比绚丽的环境更有利于让孩子体验生活的丰富多彩。

◎ 重视物质，也重视精神，营造环境从点滴做起。

九、“修理”出来的责任心

“天下兴亡，匹夫有责。”殊不知，若想匹夫有责，必须儿童有责。如果一个孩子从小就没有责任感，只会推卸责任，那怎么能指望他长大成人以后突然变成一个有责任感的人呢？

在格林豪泰，70%的员工都是“80后”，他们中的一些人缺乏责任心。但时代在发展，企业不可能不用这些年轻人，而应该关心他们，培养他们。因此我们制订了一整套措施来帮助年轻人纠正他们缺乏责任心的毛病。我要求所有的主管对基层员工分配工作时，要落实到点和时间，强调今日事今日毕。

我不是哈佛大学毕业生，但我管理过哈佛大学毕业的员工；我不是清华大学毕业生，但我管理过清华大学的毕业生。我对我的孩子说，你可以不是这些名牌大学的学生，但你要能驾驭并管理他们，而这个基础就是你的责任心。

人最重要的是什么？就是个人良好的人生价值观、勤奋的态度以及责任心。这三个组合在一起，你就可以做到百战百胜。

Ashley和Brian从小就被灌输“责任心”的重要性。例如对于自己答应做到的事没有任何借口，必须做到。

而对孩子责任心的培养，重点在于父母的用心程度。我一直强调，父母对你严格一点，社会就会对你宽松一点。

可能有些家长认为时代进步了，在教育孩子方面应该强调“说理教育”，就是多和孩子讲道理。但在我眼里，传统的教育方法还是有存在的必要。下面我从三个方面加以说明。

(一)“修理”孩子

传统说法是，当孩子不听话了，父母就得“修理”他。

什么是“修理”？假设我们是园丁，孩子是一棵树。树从苗长到参天大树的过程中，可能会由于受到养分、阳光照射、雨水浸润等外在条件的差异而长直或者长歪，如果园艺师希望树能按照自己希望的样子生长，就需要定时对树进行修剪与整理。

孩子的成长也是如此，作为父亲，我需要定期对孩子进行“修理”。

我的修理方式按程度轻重主要分为以下五种：

1.口头教育；

2.讨论后果；

3.准备被打屁股(小小的威胁)；

4.敲打屁股(很少使用)；

5.转校，到更严格的学校——孩子多数很害怕自己的生活空间被更换。不过这个惩罚方式在我家从未被用过，只是作为一种警告。

(二)对孩子来说，责任心是“承诺了就应该做到”

Ashley一开始(从初一年级开始)，因为成绩好，被学校选进了“天才班”(Gifted and Talented Education)，班里所学的课程比普通班要深，为了让Ashley在天才班能学得游刃有余，我们在暑假的时候还为Ashley报名参加一些辅助课程。

天才班的学生都要学物理，所学的物理课程内容在美国要到大学才会去学。这对于Ashley来说有一定的难度，而且物理课都是每周三、五上课，而且是在学校正常下课后再进行。比如正常下午3点放学，这时天才班开始上课，等到下课，Ashley还要去做义工。到家时常常已是晚上七八点了。

天才班经常有课后作业，有次我正好在上海出差，美国时间晚上10点的时候，我给孩子们打了个电话，问了问Ashley的功课情况和一天的安排。

这时我发觉她还有物理作业没有做完，她和我说做这些题目只要一个小时就能完成，我想了想觉得还行。但是当她把题目拿给我看后，我愣住了——这样的题目对于Ashley来说，至少要花费五六个小时才能完成，而明天就要上课了，该怎么办？

我问她为什么不早点开始做作业，她就和我解释了半天，有各种理由。无论有什么理由，她在功课上这样拖拖拉拉是不行的。

着急加上生气，使我立即取消所有的会议来处理她的问题，此时北京时间是中午12点。

美国的时间已经很晚了，但相对孩子的睡眠来说，不能按时完成作业是当下更重要的问题。在电话里，我口头批评了Ashley长达半个小时。最后我要求她当天晚上哪怕通宵熬夜，也要将作业全部完成，同时我要求她妈妈监督她来完成，哪怕次日Ashley病倒，也要做完。

Ashley很委屈，她说："你答应过我帮我一起做作业的，现在你却不肯陪我了……"她这么一说，我立刻严厉批评她："做完当天作业是你的责任与义务，爸爸帮你一起做，是爸爸的好心，但不是爸爸的责任。今天你的拖拉表现让我很生气，所以我不想帮你了，做作业这件事依旧是你一个人的责任。"

话虽如此，但那天我还是在办公室，通过远程电话的方式，陪着她完成所有的作业，一直到美国时间早晨6点。而7点她又要去学校上课，这一夜Ashley几乎没有睡过。

➡ 第二天，我收到了Ashley发来的一封悔过信：

亲爱的爸爸和妈妈：

我想说：对不起。

很抱歉，我太拖拉了，导致没能按时完成作业，不得不连累你们放弃休息和自己的工作，帮我一起赶作业。

爸爸，我很感激你，你工作那么忙，公司里还有那么多的事情等着你处理，你却为了我的作业，放下了手里所有的事情。尽管我不是非常聪明，甚至可能有点猪脑袋，你依然耐心地教我、帮我，我也知道其实你并不愿意那么做。

妈妈，在这里也要向你说声对不起，因为我的作业让你放弃睡眠陪我熬夜，我被爸爸批评的同时，你也跟着受到压力。

对不起，我错了，以后一定改正自己这个拖拉的毛病，保证以后不会再发生这样的事情了。

真诚地谢谢你们！

你们的女儿Ashley

当孩子犯了严重错误一定要严厉批评，要让他们知道，做错事是要受批评的，受了批评就要改进。孩子在这样的环境下一天天长大，意志就会得到锻炼。等到他们走入更加残酷的社会，面对来自老板和同事的批评时，内心就会因强大而坚韧，能够接受他人的意见和批评，并心平气和地吸取教训或者改进自己。

而且，在孩子们被家长批评的时候，孩子不可以擅自离开，必须听完家长的教训，经过家长的批准才可以离开。

现在Ashley和Brian都养成了好习惯，也深深明白，除非是由于不可抗拒的原因，否则不能按时完成应该完成的事情，无论什么理由都是不负责任。一旦发生这样的事情，就要接受家长的“修理”，之后即使含着眼泪也要把事情做完。

但是在中国，有很多家长觉得孩子还太小，能担什么责任？就算是孩子自己不小心撞到桌子，大哭起来，家长也会立刻拍打桌子，说是桌子的错。这种教育不是爱孩子，而是害孩子。小心啊，别因此培养出娇纵任性、心理承受能力差、不思进取的下一代。

（三）对孩子来说，责任心是“先从我做起”

Ashley上高中以后的第一堂体育课是练跑步，跑完后腿很酸。她回来后没有抱怨体育老师让他们跑得太多了，而是觉得自己太缺乏锻炼了，以后要多跑步。之后每天一到傍晚5点，她就拉着自己的弟弟出去散步和跑步。她已经意识到所谓责任心就是从自己做起。

这和我的教育分不开，我一直在提醒我的两个孩子：如果遇到问题，首先要从自己身上找原因，而不是一味责怪别人，或者怨天尤人，那样解决不了问题，还会将自己的心情搞坏，并影响到周围人的情绪。

如果你和我一样，也从现在起，对自己的孩子从严要求，不放松一点一滴的教育，对孩子的不良行为习惯及时指正，到了14岁，你的孩子也会给你同样多，甚至更多的惊喜。

英语中有一个词语是“Tough love”，意思是“严格的爱”，也可以翻译成爱之深责之切。真正懂得如何爱孩子的父母，懂得“如果你对孩子严格一点，社会就会对你的孩子宽松一点。你对孩子宽松一点，社会就会对你的孩子非常严格，甚至惩罚你的孩子”。

➡ TIPS

培养孩子责任心的几种通用方法

一、让孩子学会自我服务。家长要让孩子做一些力所能及的事情，让孩子去为自己多承担一些责任。

二、要对孩子“从小抓起”：

（一）要从孩子年龄较小的时候就注意对其责任心的培养。

（二）要从生活中的小事抓起。

三、让孩子品尝一下苦果。为了培养孩子的责任感，家长可以适当地让孩子品尝一下办事情不负责任的苦果，孩子如果一而再地受到了自食其果的惩罚，他自然就会提高警惕，下次做事情的时候自然就不会再马马虎虎、草率了事。

四、让孩子参与家庭生活。家长要增强孩子对家庭的主体意识，提升孩子在家庭里的主体地位，让孩子积极地参与到家庭生活的方方面面，让孩子感觉他是家里的主人。

五、不要让孩子逃避或推卸责任。培养孩子的责任感，家长应当要求孩子勇于对自己的言行负责，不论孩子有什么样的过失，只要他具备承担责任的能力，就要让他去勇敢面对，就不能让他逃避和推卸，更不能由大人越俎代庖。

六、要求孩子做事有始有终。良好的责任心要靠坚强的意志力和持之以恒的态度来维持，家长平时应当注意培养孩子做事有始有终、负责到底的良好习惯，交给孩子去做的事情，不管大小，家长都要全程监督，发现问题及时纠正，决不允许孩子做到一半就随意放弃，只有孩子从头至尾认认真真地把事情做完做好才能罢休。

七、对孩子要重过程轻结果。家长在让孩子做事的时候，一定要沉得住气，学会等待，能够容忍孩子的不完美。要知道，孩子只有通过不断的实践体验才能逐渐提高自身的责任心，这里最重要的是孩子做事的过程，是孩子通过做事所得到的对“责任”的一种宝贵心理体验，只有这样的心理体验多了，孩子的责任心才能不断地得到强化和提高。

曙光语录

◎“棒下出孝子”——用辩证的眼光看待传统教育理念，不一味推崇，也不全盘否定。

◎小不忍则乱大谋，其实在讲道理的前提下，批评孩子好处多多——很多爸妈心里都明白得很。关键是方式方法要拿捏准确，火候要把握好。

◎遇事先从自己身上找原因，才能获得更多的成长。

十、读书需要“双赢”(Win-Win)

尽管我的儿女都非常优秀，但他们并不是每次考试或者比赛都能拿到第一名。但我从来不会为此感到不快，因为我知道他们总有一天要走出学校，进入社会——没有任何考试需要参加，那么他们的目标又应该怎么确立？所以在他们很小的时候，我就常常说：人生不是一场搏击赛，我们的目的不是把别人打败，而是要达到Win-Win。

现在的家长普遍存在着这样一种心态：学生在学校就该以学业为重。什么是他们眼中的学业？语文、数学、英语……包括物理、化学等在内的所有可能影响孩子高考成绩的学科。什么是检验学业有成的标准？考试成绩！重视考试成绩、忽视副科发展，对于孩子参与课余活动不冷不热甚至持反对意见，恨不能自己的孩子永远都是班级第一、年级第一，这样的情况比比皆是。

在我看来，对于学习成绩大可不必如此耿耿于怀。一般的孩子通过自己的努力，加上父母的用心，都有能力获得不错的分数。不能得到第一没关系，只要能拿到A就行。孩子在学校学习的内容不仅仅是课本知识，还有很多其他方面的培养也很重要，例如礼貌、礼仪、志向、勤劳、习惯等，这些才是时时刻刻影响孩子一生的“学业”。

不仅如此，有时优秀的考试成绩并不代表对知识的真正掌握，把书本的内容活化到生活之中，这才是有意义的学习。如果一个孩子能非常娴熟地解答复杂的方程式，却无法通过简单的数学计算判断如何消费才更为合理，那么即使他的成绩再好，又有什么意义呢？只有能把课本上的知识逐渐转化为常识，成为思维内部的、遇事时的第一反应，学习才能体现它真正的价值。一个孩子是否会成功，与他所具备的常识息息相关。

对孩子来说，要真正理解Win-Win的含义并不容易。

Ashley当时正在学习辩论，于是我问她：什么是最好的辩论？ Ashley回答：Win(要赢)!

我告诉她说：不是的，如果你辩论的目的就是为了赢，你永远不是一个好的辩手。因为辩论的最终目的在于discover truth(发现真理)、share knowledge(分享知识)，从而让自己、对方和观众通过辩论能更清楚地发现所辩论问题的实质，继而让大家都能受到教育。同时你能通过辩论，了解其他辩手看问题的角度，从中你也能了解到你自己考虑问题的局限性，帮助自己提高。千万不要为了辩论而辩论。首先你要倾听对方说了什么，如果你听到最后得出的结论是对方肯定是错的，那你就失败了。

Ashley似懂非懂地扑闪着眼睛，一副欲说还休的模样。

我指着家里的播放器(Stereo)问Ashley："你去看看Stereo，你可以看到多少面？"她说："我看到两面。"我说："OK，你再换个角度看一下，这次你可以看到几面？"她说："三面。"我说："那这个播放器一共有几面？"她说："六面。"我说："那你为什么看不到六面呢？因为站的地方、角度不同。你的对手有可能就站在你的对面，在看播放器的另外三面。如果他说这个播放器看起来像条狗，你怎么知道他说的一定不对呢？"

Ashley的面部表情变得越发凝重了，从她认真的眼神中，我看出她正在飞快地思考着。于是我趁热打铁说道："你必须要考虑到对方的角度，因为你们双方在一起才可能绘制一幅关于真相的完整图像，这样你才能对对方的论点得出完整而恰当的结论。'7 habits'中不是有'First to understand, then to be understood.'(先聆听，了解对方想说什么，再想办法表述得很好，让别人理解你。)之说吗？你一定要非常尊重对方，这样对方才能听到你的声音。别忘了，你的对手不是你的爸爸或者兄弟，他可以选择忽略你说的话。"

Ashley听完我说的话非常惊讶，她说："爸爸，我从来不知道你还懂辩论！"我问她老师有没有告诉她这些原则，她摇头说没有。于是我告诉她："你要知道，你是幸运的。因为爸爸读过很多书，所以知道如何辩论。记住，永远要成为多方面的赢家，让对手赢，让观众赢。”

何况，第一名永远只有一个。但是Win-Win却可以有无数次机会。

TIPS

70%的被调查者认为高考状元不一定是人生的成功者

“人生的成败并不在于你是不是第一名，或者考进了哪所学校。现在社会评价是多元的，不同的人有不同的选择，关键是能否选定一个你真正感兴趣的目标，并为之长期奋斗。现在我们评判一个人，不会拿高考作为唯一的评判标准了。古代考取状元或许就会当上一个大官，现在没有那么强的因果关系了。”

——北京大学教育学院副教授缪蓉接受采访时说

中国青年报社会调查中心曾对4 069人(其中“80后”占53.8%，“90后”占20.6%)进行的调查显示，仅有2.7%的人肯定高考状元会成为以后的职场佼佼者，34.4%的人持相反态度，62.9%的人表示不好说。

中国校友会网曾发布《中国高考状元调查报告》，发现大部分高考状元职业发展的实际情况与社会期望相差甚远，他们当中大多数没能成为各行业的“顶尖人才”。从另一个角度而言“成名早”对孩子的心理健康发展也会产生一定的负面作用。

曙光语录

◎ Win-Win是一种态度，是一项人生课题，不仅适用于学生，也适用于职场人。

◎ 良好的心态可以帮助孩子踏平前进道路上的荆棘，走得更宽更远。

十一、没有“还可以”之说

我和孩子沟通时绝对不允许她说“还可以”，这是一个模棱两可的词语——不同的人在不同的时间碰到不同的事情后的感受千差万别，如果考试“还可以”，那代表什么意思？代表杰出？非常棒？非常好？好？一般？非常差？“还可以”这个回答显然毫无意义。

我之所以反对孩子使用“还可以”，还有另外一个原因：从心理暗示的角度来看，“还可以”是一种比较消极的总结，是对自己浑噩度日的默许。与之相反，“我做得很好”“我做得非常棒”就显示出非常积极的心态，对自己和他人都是一种鼓舞、一种良好的心理暗示。简短的回答体现两种截然不同的人生态度。即使用“这次糟糕透了”“我搞砸了”这样的否定性语词来回答，也比“还可以”好，至少表示对自己有反思的态度、有评判的能力。

前阵子遇到一对父母向我诉苦：孩子不愿意和他们交流，即使向他提问，孩子也总是用“随便”“好”来搪塞。他们之间最典型的对话模式如下：

问：今天怎么样？

答：还可以。

问：今天功课怎么样？

答：还可以。

在我和Ashley之间当然不存在这样的情况——相反的，是她经常跟我抱怨“爸爸不给我机会表达自己”。不管怎么说，在和孩子交流这个问题上，我对自己还是很有信心的。奥秘很简单：对于话题的讨论要步步深入，切忌浮于表面。

为什么我这样强调？因为，不准确的表达往往是造成事故的主要原因之一。往小了说，比如我们做饭，水要多少，米要多少，越精确做出来的饭就越好吃。如果做饭的人奉行“还可以”，那就要么容易水多，要么就米多，后果就是或者变成烂饭或者轻度夹生。

往大了说，比方说根据我的了解，空难也就是飞机失事的主要原因，多数是因为机长、飞行员、地面指挥人员以及机械师之间的沟通出了问题。当飞机出现故障，机械师通过无线电与机长或副机长沟通时，对于一些可能造成故障的原因或者对故障的描述，如果机长、飞行员的回答总是模棱两可，影响到机械师乃至地面指挥人员对飞机情况的准确判断，一个“不小心”，空难的悲剧就发生了。

有一次，Ashley进行完期中考试后被我要求评价一下考试的感受。她回答：西班牙语和英语都非常容易，数学还可以。接着我追问道：那“还可以”是什么意思？她说：“哦，我都做出来了，就差一道。”紧接着她补充道：“这道题很复杂。最近我们在学计算不同图形的面积，最后给了一个五角星让我算面积，只给了一个边长，我看了半天不知道怎么做。但解不出来的不是只有我一个人，我周边的小朋友都不会答。”

看，一个小小的追问，背后却隐藏着大大的门道。至少这次的追问让我知道了Ashley在数学上的弱点，并且发现了她有给自己找借口的习惯。

如果我在“还可以”之后便不做声响，结果就是和孩子沟通得不到位。让“还可以”“随便”这些模糊的词语一笔带过，永远也不可能发现孩子的真正问题或者需求在哪里。家长要让孩子养成敢于表达的习惯、培养孩子善于表达的能力，这样才能清楚孩子在想什么、需要什么，对孩子将来的人际交往也大有好处。所用的方法也很简单：要不停地问孩子“为什么”，帮助他把深层次的问题问出来，而不是躲避。虽然刚开始时会有些困难，但慢慢地孩子就会养成这样的习惯，不再糊弄父母。例如，你问孩子今天想吃什么，不能让他说随便，要让他学会表达自己的口味和喜好，是喜欢吃偏甜还是偏咸，喜欢吃蔬菜还是吃肉。

相对来说，要做到“打破沙锅璺(问)到底”在孩子的学业上比较容易，在思想上和情感上则比较困难。但即使有难度，可能达不到自己希望的沟通效果，我仍然会尝试和孩子用这种方式来交流——重点是让孩子知道：表达自己才是最重要的。

曙光语录

◎“还可以”是对自己混日子的默许；积极的话语也是一种良好的心理暗示。

◎评定自己是种难得的才能，认识自己却是艰难的课题。

◎勇于且善于表达自己，是“不说还可以”的另一项附加价值。

十二、父亲的品格

当父亲时间长了，我越来越觉得教育是一门很高深的学问，包罗万象，千丝万缕。看着女儿Ashley一天天地长大，我心中充满了成就感。这些年来，我想，这绝对不是孩子一个人的成长史，而是我和她共同的成长史。在教育的过程中我也经历着蜕变与成熟——学着为人父、为人师。其中最重要的一课，即是让我真正体会到了什么才是为人父的品格。

作为多家公司的董事长，我总是忙于事业。Ashley对此一直很理解，也很支持，具体的表现是：她和我说话很少啰唆，总是直击目标，效率非常高。作为回报，我也从不吝啬与她分享自己的经历。

一直以来，我认为孩子能不能有好的品格，就看他们的父母，尤其是父亲自身的品格能否通过一定的方式，潜移默化地影响和传递给孩子。

➡ 父亲的品格，简单解读，就是爸爸的日常习惯

这个习惯与言教和身教中所谈到的“榜样”有相似之处。言教与身教强调的是统一性，父母不能说一套，做一套；而父亲的品格则强调父亲用自身的魅力“感染”孩子，是一种潜移默化的过程。

我已经养成一种全身心投入每天的工作和读书中的习惯，因此只要我一回到家，除了陪他们进行课外娱乐活动外，孩子们总会看见我拿起书开始看书，或者处理工作上的事情，他们不会看到我在做浪费时间和消磨时间的事。

此外，我不光在工作学习的好习惯上影响他们，我还让他们学会去帮助别人。有时朋友家有困难找我去帮忙，每次我都会带孩子们一起过去，一起帮朋友解决问题，这样做有两个好处：一是建立主动帮助别人的潜意识，二是可以让孩子从大人解决问题的过程中学到很多知识和方法。

类似的事情多了，孩子们也有样学样，久而久之，他们也养成了好习惯，形成了好的品格——就像他们的爸爸一样。当然，好的习惯在潜移默化传递给孩子后，孩子可能知道要这样做，但到底怎么做，他们并不清楚，在这里，作为父母还需要注重培养孩子同样的习惯。

比如说我们家招待客人的时候，我会在朋友来之前，准备好客人所需要的东西。我会事先了解客人中的男女比例，彼此关系，有没有带孩子来的，停留时间等。根据这些信息，我会有针对性地准备好招待他们的东西，在家里前前后后做好相应的准备。

因此每次朋友来后他们都会很愉快，这点Ashley有深刻的感受，Ashley也会自己模仿着去这样招待她的朋友，可是最后往往达不到预期的效果。

于是在一次她朋友来之前，我手把手地指导她：

首先，了解有多少小朋友来家里。在这些小朋友中，有多少人是你同学，有多少是朋友，甚至有可能你的朋友或同学还会带上他们的弟弟妹妹。

其次，来的客人中男女比例是多少，你应该策划和组织哪些活动，让他们每个人都不会觉得被忽视。

再者，你需要给他们准备怎样的晚餐，在这之前是否需要点心或水果，甚至零食。

第四，了解她的朋友们的父母是否知情，提前给对方的父母打电话，征求一下他们的意见，这样他们的父母也会放心。

第五，为每位来玩的小朋友准备一个小礼物，感谢他们来参加你所组织的活动。

最后，在他们离开的时候，要像爸爸一样将自己的朋友们送出门，让他们感觉很温馨。

现在Ashley不仅学会了安排朋友来家的聚会活动，而且学校里的活动整体安排她也都能驾轻就熟。

父母有效传递自己的习惯，这不仅仅是为了让孩子学会如何照顾和帮助他人，更多地是让孩子学会有效地规划和安排一切事宜，这对培养他(她)的组织能力有很大的好处。

➡ 对孩子来说，父亲其他最重要的品格——责任心和耐心，还有行为是非观

作为天性，责任心可以称得上是为人父母最基本的品格。究竟什么才是责任心？责任心不等于溺爱、骄纵、过度保护或者过度放纵。责任心应该是引导孩子走向正确方向的决心、持之以恒水滴石穿的恒心和用正确的教育方法保证孩子健康快乐成长的信心。责任心就是一切问题都和我有关。责任心就是从我做起。具体来说，作为父亲，对孩子教育的责任心可以体现为耐心和“行为的是非观”。

1. 耐心

如果把父母当作一种职业，那么这便是一份“永远无法回头”的工作——既不能辞职，也不能重来。因此，要准备好足够的耐心来应付这场艰难而持久的挑战。尤其当孩子进入少年期，这份耐心就有了更高的要求，不再单单是生活上的照料(任劳任怨地换洗尿布或者烧菜煮饭已经成为常规工作)，更高的挑战在于在和孩子进行交流时也需要耐心。很多家长抱怨工作很忙，没有时间管孩子，也从不把自己的事情与孩子分享，无形之中便关上了自己的心扉。被拒之门外的孩子自然也不会有耐心去和父母交谈，更谈不上把自己的事情与之分享。

2. “行为的是非观”

之所以要在是非观前加上“行为”二字，实在是因为太多的家长擅长言教

而非身教。他们往往有着扎实的“理论功底”，教育孩子时能把道理说得天花乱坠，然而一旦拿到实际操作层面，却又无力得可怜。一个天天躺在沙发上看电视的父亲，怎么能教育出一个勤学上进的好孩子呢？

➡ TIPS

父母所应具备的优秀品格

一、讲信用，遵守对孩子的承诺

讲信用的基本表现之一就是遵守承诺。父母想要获取孩子的信任，就要严格遵守对孩子的每一个约定。无论家长多忙，都应该优先考虑兑现同孩子的约定。同时，做不到的事情最好不要随便承诺。万一已向孩子承诺，如时间有变化、无法实现，应该向孩子说明，但要尽量减少这样的概率，要不然孩子会将父母的说明当成耳边风。

二、不在孩子面前说是非

孩子在旁边的时候，不说他人的是非。

特别是小学毕业之前，还不具备判断能力的孩子，一般都会不假思索地简单地接纳父母说的话。在背后说亲戚的坏话，说朋友家长的坏话，都会给孩子处理人际关系造成误导。万一孩子从别处听到了一些是非传言，作为父母要告诉孩子：“有人会那样说，但是每个人都有另外好的一面”，从而教会孩子从别的角度看问题。

三、自信不是口号——让孩子拥有自信和找到自信的方法

绝大多数的父母都希望孩子能充满自信地度过自己的一生。

让孩子通过完成一件件的小事，不断体验成功的快乐。万一遇到了一个非常难解决的大目标，孩子感觉困难想要放弃，这时父母不应该简单地训斥孩子“绝对不能半途而废”，而应该帮助孩子将大课题分成若干个小目标，从最容易达成的目标开始做起，让孩子体会到成功的乐趣。

四、让孩子为自己的行为负责

通常当孩子做了什么不光彩的事情时，父母会被追究责任："也不知道父母是怎么教育孩子的，真想看看他父母长什么样。"

对孩子来说，必须要有对自己的所作所为负责的经历。即使是只有五六岁的孩子，犯了错误之后，也要自己去主动道歉。比如在别人家玩耍的时候打碎了碗碟，就得让孩子主动向主人承认错误并收拾干净现场。

父母应该把道德伦理观的标准教给孩子，让他(她)学会判断作为一个人什么能做、什么不能做。

曙光语录

◎ 责任心是父母最基本的品格。

◎ 如果把父母当作一种职业，那么这便是一份"永远无法回头"的工作——既不能辞职，也不能重来。

◎ 善于剖析自己，即使成为孩子的反面教材也没什么关系——事实胜于雄辩，具体的经历更能给孩子留下深刻的印象。

十三、父亲的责任

父亲的责任，在我看来就是——男人用自己的财富和爱心，帮助自己的孩子成为他(她)应该成为的人物。

如果说，作为父亲应该多在家陪陪孩子的话，我可能不算是个很称职的父亲。毕竟我不是一个普通的"朝九晚五族"爸爸，我还要面对我的公司和我的员工，相信很多阅读本书的读者也会有和我同样的遗憾。

那么像我这样承担着一个拥有上万名员工的企业的高级管理者，当结束工作、结束会议、脱下西装回到家以后，会变成一个什么样的父亲？

《李泽楷——资本玩家》一书里有这样一段文字，描述李嘉诚作为父亲如何培养两个儿子的情节："小小年纪的李泽楷，每晚与兄长李泽钜还要细听父亲李嘉诚娓娓道来从商之道，在李泽楷两兄弟还不满10岁的时候，李嘉诚就特地在长实的会议室配备'专席'，让两位公子出席董事会议，接受最早的商业训练。每当李泽楷有些什么不规矩的动作时，李嘉诚都会出言阻止：'Richard(李泽楷的英文名)。'其实，李嘉诚并不计较他们能听懂多少，重要的是商业氛围对他们的熏陶。"

作为企业家，关于这段情节，曾经有朋友问过我是否也会让孩子去参与自己的商业活动。

我的回答是："开玩笑，那绝对不可能。"

曾经我想让Brian跟着比他大五岁的姐姐一块去学物理，他的老师却极力反对，他说："以前有一位物理学家，在小孩还没有理解力的情况下，就让孩子参与旁观自己的工作，结果孩子还没学到什么，就先厌倦了学物理。"

对于一个孩子来说，绝不适合过早进入这个复杂的环境，因为超过他理解力和承受力的所见所闻，容易打击他的积极性。说得难听点，这样的教育方式有点“急功近利”。

不过作为CEO，我也会带着Ashley出席我的活动，但不会去商务谈判的场合，更多的是一些朋友聚会，听听大人之间的谈话，主要是让孩子接触一下大场面，开阔眼界，至于她是否听懂并没有关系，因为这不是为她而开的派对。

孩子有属于他们这个年龄需要学的东西，按部就班才可以循序渐进地丰富自己的知识，提高自己的能力。否则因噎废食得不偿失。

而作为一个父亲，他的责任不仅仅是对孩子的教育负责，更重要的是，对孩子的教育方式及环境进行把关，他应该知道什么样的环境适合孩子，什么样的教育手段可能会害了孩子。

刚开始，我太太并不认同我这样的教育方式，她更多倾向于对孩子们进行“散养”式的教育。如今受我的影响，她也开始改变教育孩子的方式方法。我们经常通过电话，或者面对面进行教育方面的沟通。当我和孩子交流的时候，她会在旁边，用她的角度和方式帮助孩子更好地理解我的意思。毕竟她和孩子们在一起的时间最多，孩子们也和妈妈交流得多一些。

当然我太太不是盲目地附和我的意见。我要强调的一点是，如果父亲严格的时候，母亲也跟着“落井下石”的话，对孩子的教育也做不好。

事实上，我和我太太在小孩的教育上没有明确做过分工，但很自然地，我太太主要负责孩子们的衣食住行，而我则将重心更多地放在孩子们的教育成长上。

虽然因为工作关系，我没有办法时刻陪伴孩子——一年里，我只有三分之一的时间在家。但只要时间允许，我非常乐意送孩子们上下学。晚上我会陪Ashley一起做作业，现在她已经在学高年级的课程，这对于她来说会有一定的难度。而Brian的作业相对比较简单，基本可自行完成。

当他们在学校的时候，我就会在书房里处理自己的工作，工作结束就看书。在孩子们的眼里，我是一个非常忙碌的父亲，每天睡得比他们晚，但早上他们起床时，我已经起床了——在这点上我不仅约束我自己，也要求我太太一起做到，因为孩子总是会拿大人的坏习惯为自己的偷懒找理由。

我太太曾经说我们这样的父母组合属于“严父慈母”，我十分反对，更反对的是这样的观点——“慈母”就是孩子的好保姆。我认为一个优秀的母亲，不仅要懂得安排好孩子们的衣食住行，让他们吃得健康穿得暖和，更应懂得帮助他们学会合理安排自己的工作与学习，我觉得后者非常重要。妈妈能够通过生活上的种种细节安排，将孩子的生活、学习、娱乐以及兴趣活动有机地结合在一起。

最后，我想说的是，无论你多么忙碌，无论你的孩子在多么好的学校里就读，请不要把教育的全部希望都交给学校和老师。一个老师每日要应付20~60个甚至更多的学生，他们不可能额外花更多时间在你的孩子身上，在这里我没有任何贬低老师的意思。现在很多老师都已将自己降格为“教书匠”和“普通人”，这不仅在中国，在美国也是如此。美国有很多老师都来自各种工会，因此教育的水准也是参差不齐的。

而父母是两个人对一个或两个孩子，这种关爱的浓度和照顾的专注是老师们所不能及的，而对于孩子的了解，谁也比不上他的父母。所以，帮助孩子找到正确的学习环境和手段，与孩子一起努力又不失愉悦地成长，是我们家长，尤其是父亲的责任。

曙光语录

◎ 如果说这世上还有权利与义务不对等的事情，那就是教育孩子——为父的只有义务，让孩子充分发展、健康发展的义务，而几乎没什么权利，即便是为孩子决定些什么，最终目的也是为了让孩子发展。简而言之，为父的责任，就是“没有权利的义务”。

◎ 父亲的责任：用心地陪伴孩子，自律地引领孩子，理智地关心孩子。

十四、孩子眼里没有“忙”爸爸

如果我在中国，就会坚持每天中午与我的孩子进行电话沟通。因为我的中午，在美国应该是晚上9点左右。

我的会议都会尽量避开中午时间，因为这个时间是留给我的孩子们的。

我基本上每天会与他们电话沟通半小时或一个小时，沟通的话题从新闻和他们一天的学习情况展开，一直聊到各个层面的内容。

很多做了父亲的男人，面对孩子永远说自己很忙。

爸爸最近很忙，等有空了带你出去玩。

别吵爸爸，晚上还有好多活儿呢。

爸爸晚上还有会要开，回不来，你和妈妈先吃饭吧。

有什么问题找妈妈或者自己解决，爸爸现在没空。

……

传统家庭里，大部分的分工都是爸爸外出，妈妈持家，也就是“男主外，女主内”。无论是上班族还是企业家，多半如此。男人以为自己对这个家付出得最多，而孩子却依然“怨恨”你不是个称职的爸爸。

即使自己打电话问候，孩子也会越来越不耐烦，尤其是处于青春期的孩子。这种沟通障碍并不仅仅出现在出差在外的父母和子女身上，即使是天天见面的孩子，可能跟父母一天也说不到三句话。

我觉得这些父母的问题在于，从来不告诉孩子自己具体在忙什么、忙的目的，以及爸爸对于未来的规划。孩子比我们想象的要简单，但也比我们想象的要敏感。

➡ 孩子眼里的好爸爸是怎样的？

不是每天带着公文包、满脸倦容、一到家就倒在沙发上看电视打瞌睡的爸爸；不是一早起来不吃早饭就走，夜里孩子睡了才悄悄回来的爸爸；更不是一年360天神龙见首不见尾，只有5天无比殷勤地买礼物陪自己去游乐园的爸爸。

大部分孩子梦想中的爸爸是——每天都会关心自己，呵护自己，早晨亲吻，睡前说晚安，有时会讲故事，周末带自己和妈妈出去吃个饭、看个电影，如果被人欺负了会放下电话就赶到自己面前保护自己的爸爸。

孩子还小的时候，终究还是个孩子。即使孩子理解父亲的辛苦，也不代表我们能对他们随口说忙。孩子无法分清父母的忙与不忙，因为他们看不到父母工作时候的紧张，也无法体会父母为了维持一个家庭所付出的努力。

这个世界上，没有什么比自己的宝贝儿女更重要的了。钱、工作不外如此。像我可以放下工作，陪我的Ashley通宵做作业，即使我只是陪伴在边上，即使之前我因为她的功课问题而严厉斥责过她，孩子心里也是温暖的，有所依靠的。我想，如果你真心爱自己的孩子，你一定可以挤出时间和他(她)进行沟通，因为这非常重要，不仅可以使父母与子女之间的关系更加紧密，也是父母对子女教育应尽的责任。

和孩子沟通的时间是可以挤出来的，例如在车上，在吃饭的时候，在晚上下班后。在不能面对面交谈的情况下，可以通过网络、电话、邮件等各种各样的方式进行。总之，只要你有心，每天至少有半个小时可以与孩子用心地进行交流。

➡ 高科技为父母创造沟通渠道

感谢现代科技给忙碌的我们所带来的便捷，父母再没有任何借口说没有时间关心孩子的考试，没有时间与孩子进行沟通。现在的长途话费不像过去20世纪90年代那么昂贵，如果我愿意，我们还能进行视频电话，这些在今天看来只要一部手机便能全部办到。

无论手机还是网络，它都能够在瞬间拉近自己和家人的距离，为什么不好好利用这个最简单、最便捷的沟通方式呢，并且它不会耽误父母过多的工作时间，也能让孩子时刻感受到父母对自己的关心。

我在进行任何工作、社交活动时，都会时刻提醒自己，不要因为自己的忙碌而远离孩子。当Ashley读初中时，我们为她配了一部手机，一是她自己提出的要求，加上我觉得同学之间的交往用手机并无大碍，二是我觉得手机也能拉近我与女儿之间的距离。

我和Ashley时刻保持着短信的沟通，无论我在哪个国家，无论我当天在做什么，只要有空隙，我就会将我所看到、所听到的，我觉得有意义的新闻、事件通过短信发给她。同时我也要求她在我不在家的期间，通过短信的方式告诉我她一天的行程安排。在了解到女儿一天或放学后的时间安排之后，我也会随时用短信和电话的方式及时了解她的进度。

Ashley一直都在天才班，加上其他课程，她的作业难度被大大地提高了，因此在我出差的时候，我会特意把找人帮我买来的教科书随身带着。例如Ashley现在在学微积分，这对于九年级的孩子来说是有难度的，那么我就带着微积分的书。她如果和我探讨微积分，说第几页，有什么难点，那我就会找出书来和她一起研究，教她怎么看图，怎么理解。

和我十分了解孩子每日的学习进度一样，Ashley和Brian知道我具体每天在做些什么事，做这些事的目的是什么，同时我也让他们知道爸爸这样辛勤工作是为了让他们今后能够更好地发展。我甚至经常向孩子介绍自己的工作，让他们逐步了解我的工作，了解我工作的目的，以及了解作为我的孩子应该怎样去做——这是我坚持了许多年的事情——事实也证明我这样做，他们给我的回报和理解是相当喜人的。

➡ 为孩子敞开父母的世界

我刚来上海创业的时候，九岁的Ashley曾经送给我一幅画，是她理想中爸爸的酒店：生意非常兴隆，排队的人都排到了门外，而且还担心没有房间住。2009年我在开设519.com，包括开创自己的葡萄酒品牌时，她也参与进来，并为我们设计了非常漂亮的瓶标和品牌故事，这让我感到非常惊喜。

在我的观念里，父母和孩子之间的关系不是上下级，也不是传统父母认为的"孩子应该向父母定期汇报一切，而父母不用向孩子解释自己在做什么"。即使孩子暂时不能理解，也应该至少尽量开诚布公地向孩子解释自己的所作所为，这会让孩子非常有参与感，和父母之间的情感纽带也更紧密。

当然，不是说有了孩子，为了给孩子做榜样，就必须放弃自己的生活、自己的娱乐活动、自己的个人空间。我也有晚餐会，有朋友聚会，也会在家招待自己的朋友，这种时候我会先考虑孩子的感受和需要，我并不是担心孩子不能理解我，而是我在享受这些生活之前，我会先和他们沟通，让他们了解和知道爸爸在做什么，只要不是商务谈判，如果他们愿意，我会非常欢迎我的孩子加入我和我朋友们的聚会。孩子们也会对我乐意告诉他们我要去做什么而有种被尊重和信任的快乐，那样，即使他们因此要自己在家做功课和娱乐，也不会事后责怪我只顾自己的生活工作而不在乎他们。

许多年来，每次我出差或者在家，Ashley和Brian都能坦然面对我的不同状态，即使我不在家他们也毫无怨言或对我不理解。要是说有抱怨，就是Ashley会经常抱怨爸爸跟她沟通的时间非常短——她非常喜欢和我聊天。这也没有办法，毕竟我有很多的工作要做。

当然，男孩和女孩之间也是有区别的。当我跟儿子Brian说："明年爸爸要写一本关于我们俩的书哦！"Brian却摇头说："没什么好写的。我还什么都没做，没为社会做出任何贡献呢！"他的话让我觉得很有意思。我告诉他："乐意和别人分享自己的成长经历，可能就是一种贡献啊！"

曙光语录

◎ 如果父亲的世界高高在上，成为孩子遥不可及的奢望，那么父子/女关系将会越来越淡漠。结果是——父亲威严的丧失。

◎ 钱是用来让自己和心爱的人感到幸福的。如果在此刻因为工作而失去了亲情，那么只能寄望于将来用钱购买亲情了——当然，我们都知道这是个笑话。

◎ 挣钱的机会永远比维系感情多，沟通的方式有很多，只要合理运用，平衡工作和育儿并不困难。

十五、一份邮件的多重功能

如果父母与孩子之间的沟通存在问题，在往往不知道该说什么的时候，可以采取给对方写一份邮件的方式来缓解沟通难的问题。

每当我与孩子们进行电话沟通的时候，我们就能以这份邮件中的内容作为电话的开场话题，孩子们不会感觉到生疏。另外，我对于孩子们所选的新闻，所写的观后感(见下文)其实已经有了自己的第一见解，通过沟通了解孩子的想法，也能将他们往一个正确的价值观或道德观念上引导。

曾经有个美国学生来我的公司实习，干了一阵碰到签证到期。在公司里，我们通常都是有关部门去帮他们办，毕竟公司有专门的人员擅长这个，而且美国学生对中文也不熟悉。但他坚持自己去跑，然后自己办下来了。

我的公司里也有中国大学的实习生，他们碰到类似问题，都希望有人能陪他们去处理，甚至帮他们处理，和那个美国学生相比，他们缺乏独立解决问题的能力。

这个差异让我注意到，我的女儿可能也会有这种问题，我必须加强孩子们在独立解决问题方面的能力。而拥有这个能力所需具备的一个重要条件就是，他们从小就要学会怎么和他人沟通。而良好的沟通能力，将有助于他们在社会上游刃有余地解决大部分问题。

“沟通”，不仅是一个父亲和他的儿女之间的对话，更是一个父亲希望他的儿女能够具备的能力。

于是从三年前开始，我就着手培养孩子们一个习惯，每天都要给我写一份邮件。邮件包括以下内容：

- 一天的总结(用中文写)；
- 当天所读历史故事的总结；
- 一个新的单词；
- 自己觉得比较有兴趣的一条新闻；
- 一道数学题目(过去所学的数学题再做一次)。

邮件的内容将作为我与孩子沟通的重要组成部分。

我希望这份邮件能起到的作用可列举如下：

(一)总结一天下来的经历

让孩子学会合理安排自己工作的能力，能随时了解自己的计划与实际所做是否脱节。

(二)当天所读历史故事的总结

读历史就像读故事书，从第一章看到最后一章，人物、日期最后都会忘记，需要经常去读。Ashley和Brian都喜欢历史，尤其是Ashley：一是她希望以后能做政治家，历史知识对她来说非常的重要。二是历史也不是一天能读出来的，而是需要花时间去理解的。一本历史书有1 000多页，我要求两个孩子，每天坚持读一页，这样读两三年也就读完了。每读一页就写个总结，总结自己的看法与想法，再结合自己的情况一起来谈，这样就能全面理解历史故事里的奥妙。

(三)记住一个新单词

这样不仅能为孩子们今后参加本科入学考试和硕士入学考试做一些基础工作，也能丰富他们的词汇量。

（四）关心每天的重要新闻

我需要他们每天浏览报纸，要让他们对世界上重要的新闻加以浏览，让他们明白要做一个有想法的人，需要关心外界的信息，比如哪些新闻和自己有关系，哪些内容和自己的价值观是可以放在一起讨论的。简单点说就是——“从新闻里读到的有趣观点，并记录下来”。

他们按照自己的兴趣来记录所关心的新闻。我也可以通过他们的观点和记录了解他们的兴趣点，并和他们进行交流。通过新闻，我很容易就了解到孩子的兴趣，同时了解孩子的想法。

（五）完成一道数学题目

每天做一道题目。不管是学数学、物理还是化学，因为这些课程不像英语课法语课，不做题会很容易遗忘，为了避免遗忘，我要求孩子们每天做一道以前的数学题目，然后拍下来，通过电子邮件发给我。

曾经有人问过Ashley，如果你爸爸不要求你每天写一份邮件，你还会坚持做那些事吗？她回答：我想我不会。

孩子的意志力并不像大人那么坚强，有时父母强势的要求，就是一种督促手段，而习惯的养成是需要不断重复的操练。

一份小小的邮件，包含了“量变到质变”的秘密：我一直相信量变到质变的过程。每天看似简单的父女或者父子之间的信件往来沟通，是为了培养孩子未来独立与社会、与世界的沟通。

这份邮件的最终目的是让我了解孩子，同时也成为我与孩子之间沟通的媒介。

因为邮件里包含了值得讨论的话题，我们每天都可以打电话说很多话。我们可以讨论新闻，对于新闻，我们可以有辩论，而不是简单地只是讨论作业做得怎么样啦，在学校表现如何啦这类话题。我不仅是个父亲，更要做一个好的老师和好的引路人，通过平等的聊天与探讨，分享给Ashley和Brian许多常识，尤其是如何应对各种事件，在和他人沟通的时候如何知道别人的出发点是什么，等等。

当然，父母也可以反过来，写一封邮件给孩子，比如说我每次看到好的新闻，我也会给孩子们发过去，我们也会在电话中讨论我的观点和我的兴趣点。当然我发给他们的新闻肯定有小小的目的性，就是希望孩子对某个事件或者某个观念有所了解。这种双向的交流，让孩子和父母之间的沟通变得无比畅通，关系也更加亲近。

曙光语录

◎ 沟通的方式有很多，只要合理运用，平衡工作和育儿并不困难。比起面对面的交流，邮件的方式更适合含蓄的中国父母。

◎ 邮件的另一个好处：提供充足的聊天话题，在这一过程中，孩子通过文字表达自我的能力也得到了锻炼。

第二章

父亲的心灵之灯

一、导语

第一章里我提到了“Tough love”，意思是“严格的爱”，真正懂得如何爱孩子的父母，懂得“如果你对孩子严格一点，社会就会对你的孩子宽松一点。你对孩子宽松一点，社会就会对你的孩子非常的严格甚至惩罚你的孩子”。

严格，是这一章里我要强调的育儿核心。古往今来，“严格”是经过无数验证，被证明是成功的教育手段，也是培养孩子的核心理念。

“严师出高徒”和“棍棒之下出孝子”虽然过于野蛮和偏激，但是话糙理不糙。

“读书才能强国”听上去豪情壮志，然而孩子要实现理想，离不开“德智体美全面发展”。

通过我这些年的体会，比较中美教育的异同点，无论方式方法改革多少回，我们总是发现最传统的教育手段往往是最有效的。

尤其现代社会的环境非常复杂，周围的干扰也特别多。用我的心得和经验来说，传统的、强势的家长制教育手段，始终是最有效的——孩子实在不听话，特别是在原则问题上，我就必须“修理”他们。

孩子和成年人不同，许多道理不是站在朋友角度就能够说清楚的，父母必须发挥榜样的力量。父母首先是孩子的父母，其次才是朋友。我对孩子们的要求是“22岁之前我养着你，如果遇到事情或问题，在大家讨论后，还有异议的话，你就必须听我的；未来，你可以自己决定自己的生活，但是你听不懂的时候，我就会补充：将来，等你养爸爸的时候，爸爸听你的。未来，你可以自己决定自己的生活”。

本章中，身为“海归父亲”，我希望作为父母能够先树立这样一个观念：作为父母应该有自己的想法，不要指望学校能改变孩子，父母亲自参与的教育，其重要性超过以往任何时刻。

二、在美国读书

在美国，我有个朋友，他是通用电气(GE)的高级管理人员，他的孩子在高中的时候就非常向往做厨师，他的所有课余爱好都是参加与厨艺相关的各类实习和课外活动班。他的父亲看到孩子这样的学习热情，觉得很好，还帮助他找到一家他喜欢的餐厅去实习，至于是否一定要读特别好的大学，我这个朋友认为并不是特别重要，重要的是孩子是否找到了自己的理想。

在中国，父母的期望往往太高，孩子的其他能力以及创造力在读书过程中被一一磨平。孩子只能放弃或者无暇顾及自己的追求，这也是导致现在的孩子高分低能的一个原因。

对于中国的教育我有着深刻的体会——不可否认，我自己也是由中国的教育体系培养出来的。在我们那个年代，社会环境让我们只有一个选择，就是认真读书、专心读书，孩子几乎没有自己的课外兴趣爱好。学校唯一关注的就是分数高低。作为学生，我们在其他方面的能力都“被忽略”了。

“应试教育”是教育实践中不可避免的一大特点，有利有弊，这是社会各界的普遍观点。我个人认为应试教育和动手能力结合起来，会更加有效。

从我的角度来看，这一问题被固化来自以下几个因素：

1. 传统文化的影响

儒家传统遗留下来的“万般皆下品，唯有读书高”的言论，让家长把读书好视作品评孩子优劣的唯一标准(家长眼中的读书好就是成绩好，而不是能否把书本知识活学活用，作为将来立足社会的工具）。家长愿意为了成绩好而让孩子不择手段——最近有媒体报道某些家长为了使孩子获得高考加分的资格，让高考学生去参加16岁以下学生的游泳比赛。

2. 标杆性教育机构的宣传导向

在招生季，中国的有些名牌大学宣扬的多是当年招了多少名文科状元和理科状元，而少去关注学校培养了多少位在某某领域有杰出贡献的实用型人才。少部分高校之间习惯性地将竞争点落脚在考试分数的高低而非综合能力的强弱上，这是学校教育方面的问题。

3. 家庭教育的纵容

为了迎合教育选拔制度，大部分父母只要孩子学习好，对于其他方面的要求都愿意给予满足。孩子们为了完成心愿，自然而然地把精力都放到了学习上，从而造成他们除了学习，其他能力大大削弱的情况。

总而言之，应试教育观念的根深蒂固可以说是学校教育和家庭教育共同造成的社会问题。

除此之外，公司（雇主）对学历与学校这块敲门砖的重视也同样给学生与家长带来了非常大的压力。

虽然中国一直有这样一个说法，“三百六十行，行行出状元”，但事实上整个社会的有色眼镜仍然让“状元”并不自在。

同时，有一些中国家长不知道自己想培养什么样的孩子，个个都希望培养自己的孩子成为“老总”“政要”。这种盲目的教育目标导致孩子无法正确定义自己的位置，也就不能清晰地认识到自己到底要成为一个什么样的人。

“No Child Left Behind（不让一个儿童落后）”

许多人可能听说过，美国是“儿童的天堂，中年人的战场，老年人的坟墓”。

其实这是不准确的。美国应该是儿童的乐园，中年人的战场，老年人的天堂。那么基础教育在美国儿童的生活中充当着怎样的一个角色呢？

我曾看过很多关于美国中小学教育的介绍文章。这些文章的作者多是教育专家或在美国有过育儿经历的家长。这里简单转载部分内容作为我们本章的讨论基础：

一至三年级的主要教育内容为：教孩子认识社会，学习一些基本自然现象的知识，了解基本的伦理、道德、社交礼仪等社会常识、生活知识；书本知识的学习作为辅助补充。

四至五年级，课本知识逐渐增加，但这并不影响生活常识在教学内容中占据的比例。如查地图、安排旅游计划、烹饪食物、缝纫等技能也相继成为孩子们必须学习的内容。同时孩子们开始进入体验社会、服务于社会的阶段。例如到养老院去陪伴老人、为他们唱歌，参加义卖活动等。

六至八年级(初中)，课本知识的量与难度开始加大，作业量上升。一般每天在1~3小时，但是有些作业的时间要求是弹性的。初中的放学时间依旧在下午3点左右，留给孩子充足的时间以自由学习或参加社区活动。

九至十二年级(高中)，采用选修制与学分制，不同程度的学生可以选修难度不同学分不同的课程。

以上这些制度我觉得相当合理，但这些只是大规模化的操作模式，并不具有个别性。在Ashley和Brian的成长过程中，我始终保持着对美国教学方式的观察和研究。

美国教育一直强调“No Child Left Behind(不让一个儿童落后)”，这在我看来其实是一个问题。

2001年1月23日，美国总统布什公布了名为《不让一个儿童落后》的教育蓝图(educational blueprint)。一年后的1月8日，布什总统正式签署了《2001年不让一个儿童落后法》(*The No Child Left Behind Act of 2001*，简称*NCLB Act*)。在签署仪式上，布什总统的讲话阐述了该蓝图的意义："我们国家的公立教育开始了一个新时代，一个新纪元……美国的学校将走上一条新的改革之路，一条新的结果之路……从而确保美国的每一位儿童受到一流的教育。"——法规推出的目的在于提高美国基础教育的整体水平。

美国人希望用同一教育体制培养所有的孩子，因此成才标准和课程设置出于让最落后的孩子也能通过考试的考虑，教学质量、教学成果的设置势必趋向于低浅。由此引发的最大问题就是：学校降低了培养学生的标准。

在社会竞争中，更多的竞争是人与人之间的竞争，而该教育蓝图将孩子的竞争对象从人转移到了标准上：有一部分学生在这个标准之上，甚至高出这个标准很多；而另一部分学生的学业成绩则是在这个标准之下。这个时候学生开始与这个最低标准竞争，凡是能够达到这个标准之上的就可以称之为"优秀"或"合格"。孩子在这种缺乏挑战性的教育制度下"轻松过关"，这很容易造成孩子的自满。一旦进入真实社会，在人与人的竞争中，那些在学校排名靠后，看似没有落后的孩子，就沦落到了劣势的地位。

不仅对于水平较弱的孩子有不利影响，这样的教育理念同样也会影响很多优秀的孩子：不用努力就能获得优秀，便谈不上发挥自己的聪明和才华，也就学不到与他们的聪明才智相称的内容了。

但反过来说，"No Child Left Behind"也有个好处，就是这些优秀的孩子，可以有机会将精力放到其他的社团活动中。相对来说这样的孩子会发展得比较全面，不会成为书呆子。

之所以形成这样的理念——学校更关注比较落后的孩子，让他们"不落后"，同时倡导孩子们参加更多校内或校外的社团活动，在我看来，这主要有两个原因：

1. 美国大部分人是有信仰的，更加注重一个人的职业道德。他们培养出来的孩子，自然不会太急功近利，一味追求成绩好坏。

2. 美国的大学录取学生，高考成绩(SAT)占有重要地位，但非绝对的标准。除了SAT成绩，学校还要考察学生的领导才能、特殊才能，如体育或文艺才能，以及平时成绩、高中时选修大学课程的数量和成绩，甚至科研经历等。在美国即使SAT成绩满分，别的方面成绩平平，也很难进入美国最好的大学——他们看中的是孩子的综合能力。

美国大学的入学考试，避免学生高分低能

在美国，在申请入学的时候，要写一篇文章，内容围绕“我为什么要读大学”“我为什么要读这个专业”展开。虽然这只是一篇小散文或短文，但其实非常重要，其意义在于帮助孩子审视自己为什么要读书、为什么要读大学。

除此之外，美国高校在招生时还要求学生申述自己参加过什么样的社会活动，取得什么样的经验，有没有其他的一些爱好。除了统一考试的成绩之外，美国也有加分机制，比如说加入童子军获得鹰的勋章、获得奥数名次、演讲得奖、参加各类社会活动并获得了一定成绩，都有机会得到加分。

总的来说，在美国的教育机制中获取加分的途径很多，学校重视的是全面的考核。成绩并不是唯一的考察重点。这就是为什么美国学校用ABCDE而非分数值来评定成绩，因为学校会综合考虑其他方面。

正式进入大学前，学生还必须参加面试，如果通不过面试，也进不了大学。哈佛大学、耶鲁大学等名校的录取率一般在100人录取5~7人。大部分学生成绩都很好，而真正优秀的学生就是依靠面试脱颖而出的。在面试过程中，孩子是否自信、是否有自己的想法、想做什么、是否符合学校对孩子的期许等得以清晰地展现。顺便说一下，面试的另外一层意义在于，通过这种方式来帮助孩子确立自己的专业目标——毕竟大学是在知识积累达到一定程度后针

对某一领域的专业提升，孩子如果缺乏对专业领域的清晰认识，那么用今天流行的话来说就叫“被大学”了。

以此类推，对于国内的家长而言，其实在孩子小学毕业、初中毕业、高中毕业的时候，都应该对孩子进行一场小小的“面试”，让他们写一篇“我为什么要读初中”“我为什么要读高中”“我为什么要读大学”的文章，以此帮他们逐步完善和建立自己的人生目标，我觉得这是非常可行的，我已将这一理念提供给了我身边的朋友们。

曙光语录

◎ 美国教育忽略了竞争机制的建立，但重视对学生素质的全面考察。

◎ 和孩子一起确立孩子自己的目标，让孩子对于自己的人生定位、职业发展都有所把握，才能真正发挥学习的作用。

三、公立、私立哪个好

在美国有两种学校，一种是公立学校，另一种是私立学校。现在国内的教育机构也开始逐步区分私立和公立。从幼儿园到小学，从中学到大学，无处不在的私立学校正在崛起，但中国的一部分家长更相信公立学校，原因在于他们认为私立学校缺乏足够优秀的老师。

在美国，私立学校相比公立学校而言，教学质量和就读环境更好，但学费贵。而公立学校和中国一样，按照就近分配的原则来入学，无法选择哪所学校，私立学校只要你付得起学费，任君选择。

私立学校里的学生家庭背景比较整齐，多数以中产阶级以上为主。学校校舍比较小，体育运动、校队、课外活动等学习之外的活动并不多。学校更重视学生某一方面的发展——比如强调学习能力、音乐修养或绘画专长等。在私立学校里，老师教学进度会更快一些，可能和学生的平均水准整齐有关。

公立学校里的学生素质参差不齐，但学校活动比较多，例如演讲、合唱、校队、小律师团等。

当时我为Ashley选的学校是加州排名第一位的公立学校，这也是我将房子买在那里的主要原因。当时我这样决定的理由是：如果我选择的是最好的公立学校，教学质量应该也不会差到哪儿去，于是我就为女儿这样做了决定。

孩子读八年级的时候，有人向我推荐一所私立学校，我就带Ashley去了解一下，整体感觉不错，便让Ashley去参加了他们的班级考试，Ashley非常轻松地通过，最后因插班生的名额满了，要入学只能等到第二年。

但是Ashley不想去这所新学校，她觉得很多课外活动在这里都没有，如演讲、律师团、合唱团等，更重要的是她不想改变自己的学习环境与社交圈子。

在综合考虑后，我听从了女儿的决定。

这里需要说明的一点是，美国大学招生和孩子高中在哪所学校读书关系不是很大，好的学区与坏的学区没有太大区别。在坏的学区，如果孩子表现出色，反而更容易进哈佛大学。因为美国大学是给每个学区、每所学校一定的名额，并不是按照全美分数线来排名的，反倒是一些私立学校里面都是好学生，进哈佛大学的概率却降低了，因为那里都是好学生。

我非常赞成这样招生，让每一所中学的学生都有进名牌大学的机会。

Ashley所在的学校是最好的公立中学，所以里面优秀的学生也不少。好在我女儿在这所学校里的年级排名始终名列前茅，因此我并不为她将来能否进入好大学而担心。

回过来说，要是在中国，我认为一定要选择好的学校，前提是一定要量力而行。如果你的孩子综合能力不是很强，你给他设定的预期目标太高，压力太大，可能会把孩子逼坏。这好比说，让拖拉机和轿车同时比赛百公里赛车，拖拉机肯定会出现爆缸现象。这个道理放在孩子身上也是如此，即便最后勉强进了好学校，他们也容易产生一种厌学情绪。

好的父母就是要善于发觉自己孩子的特长，并尽早激活孩子聪明的小宇宙，同时帮助自己的孩子选择正确的成才道路。

而Ashley，我觉得她综合能力不错，但目前似乎还没有看到她有非常突出的专长。不过我觉得这也是一件好事，这样在未来，个人发展的领域会更广一些。

曙光语录

◎ 在择校之前，父母首先要了解的是孩子的特长，而不是一股脑把孩子往所谓的好学校推。

◎ 影响择校的因素还包括当地的教育制度。

四、兴趣班，父母的兴趣还是孩子的兴趣

中国近三十年在教育观念上最大的改变莫过于引进了“素质教育”这个词。对不少父母来讲，“素质教育”似乎等同于各种各样的兴趣班，让孩子广泛涉猎除了教科书以外的、各方面的知识，包括出去旅游拓展视野等。但令人担忧的是，家长们过于相信“赢在起点”这个口号，让孩子课外的负担越来越重，甚至有超过课内学习压力之虞。

那么，到底该给孩子安排多少课外活动比较合适呢？我觉得，除了学校所留的功课外，每周应该留一天作为家庭活动的时间、孩子和家长一起休闲的时间；每天给孩子留一个小时自由活动的时间。除此之外，再给孩子安排其他的课外活动，例如各种兴趣班等。

安排兴趣班，一定要考虑孩子本人的兴趣，并且与学校课程不能重复。兴趣班不是补习班或提高班。例如很多家长听说数学能够锻炼人的思维能力，就一窝蜂地给孩子报奥数班、心算班和珠算班，实际上这些都是数学课的翻版或者升级版。

当然如果孩子非常喜欢则另当别论。但是对于大多数孩子来说，课外活动是用来丰富他们的学习范围、扩展他们的视野的，并帮助他们尝试从多种角度看问题、看世界。如果给孩子的学习范围太过狭窄，对他们的智力发展以及知识储备可能产生不利的影响。就好比种地，如果你只种一种作物，这块地以后就很难再种其他的植物。聪明的农民都懂得“套种”的技巧，就是每年换一茬庄稼。教育孩子也是如此，这样才能让孩子的左右大脑平衡发展，锻炼他们的逻辑能力和想象力——例如：绘画和数学就是非常适合发展想象力和逻辑思维能力的两种组合。

在这里我要补充说一点，让孩子学习一项内容，应当在一开始就注意培养上的规范性。比如有很多家长觉得自己会弹一点钢琴，就可以亲自教孩子弹，

但是毕竟不如专业课老师更加规范。而家长教育上的不规范，让孩子很容易“先入为主”。等到家长本身的知识“弹尽粮绝”，才想到要送孩子去专业的兴趣班。而此时习惯已经养成，很难再改变。

例如有的家长会先拿电子琴给孩子学，殊不知电子琴的琴键手感和钢琴不一样，而且音色上也有很大差别，学过电子琴的孩子，再去学钢琴，就要面临手势上的纠正，以及对音色的听力纠正。相对完全没有学过的孩子，他们浪费了很多时间在前期校正上。

有些技能不一定要请专业的老师，比如打字，但要通过读相关图书先了解规范的打字行为。而另外一些专业性较强的内容，如钢琴、声乐、长笛等，我会为孩子请专业的老师。

前人的经验是有价值的，值得借鉴，但是不能让它们成为禁锢自己的“牢笼”，要活用。我常便经常和孩子们讨论如何在实际生活中正确地借鉴前人的经验。

➡ 不要让兴趣班变成父母急功近利的手段

我小时候那个年代，没人有当明星的梦想。我的父母一辈都不希望自己的子女做“戏子”，谈恋爱也不许找“戏子”。而体育运动也仅仅作为一项爱好，是不能当饭吃的。孩子们除了好好读书，还是要好好读书。当然那是上一代人的观点。

今天这个时代，明星和运动员都活得很滋润，我们的媒体一直在宣扬他们的丰富生活，如参加上流社会的活动，获得巨额的广告代言费等。这些美好的状态不断吸引着孩子们的眼球，也让父母们找到了让孩子出人头地的一条道路。于是他们开始从小培养孩子成为明星。他们想的是，即使最后当不成明星和运动员，至少这些特长可以为孩子的升学加分。

在这样的心态下培养出来的孩子，即使一开始自己喜欢这门技能，但时间长了，承受不住压力，逐步开始讨厌所学的课程。大部分通过十级钢琴考试的孩子，长大后基本上很少有人还在坚持弹钢琴，更别提会成为钢琴家或者明星了。

我一直强调做事要做胜算大的事，也就是成功概率比较高的事，至少我们亲眼看见，有很多人能成为好的会计师、工程师……但成为真正大红大紫的明星的也就那么几个人。

我对Ashley和Brian的要求是，你可以熟悉一下某门课程，如果喜欢可以继续学习，不喜欢就可以放弃，我不强求。Ashley被我送去学习舞蹈、钢琴、绘画、声乐、跆拳道、网球、羽毛球等，主要是为了培养她的品位和气质修养，而不是要她成为未来的音乐家、画家、舞蹈家甚至运动员。

➡ 要让孩子珍惜自己的“爱好”

如果孩子选择了他所喜欢的兴趣班，那么就应该要求孩子坚持学下去。这种坚持不懈的精神，对孩子来说是必须养成的。否则，放任孩子三分钟热度，报个吉他班，两天不去了；报个拳击班，三天基本功还没练完就嫌烦了。

Ashley在3岁那年，她想要学琴，我立刻就给她买了一架三角钢琴。在3年的学习后，6岁的Ashley厌烦了弹琴。于是我说：“你不想弹了我就把琴送掉了哦？”开始她以为我是在开玩笑，结果我下个月就把琴送给了一个朋友。当时Ashley只有6岁，她很心疼，每次到那个朋友家去玩，就会萌生出“这是我的钢琴啊！”这样的感叹。又过了3年之后，Ashley又生出了练琴的念头，于是在她9岁的时候，我又给她买了一架三角钢琴。我之所以会反复给她买琴，是因为我想用实际行动告诉她：有些东西必须珍惜，不然随时有可能会失去。真正的才能是靠每天练习积累下来的，一口气不可能吃出一个胖子。

那么面对孩子的兴趣，家长是随孩子的兴致而为，还是为孩子进行选择？

美国人非常注重孩子的独立性，尊重孩子自己的选择。但是我认为，让孩子自由发展，成为优秀人才的概率并不大。家长一定要学会帮助孩子选择最适合她的兴趣班，同时借机教育孩子如何为自己的规划做决定，并坚持执行下去。

➡ TIPS

根据孩子成长的“敏感期”选择兴趣班

人的一生有许多能力发展的敏感期，只要抓住这些敏感期，给予相应的培养，学习效果会更好，可以达到终身效果。

一、3~4岁：色彩、语言、内省智能敏感期

对色彩敏感，开始在生活中寻找不同的颜色；

对语言敏锐度提高，模仿成年人说话；

剪、贴、涂的能力提高；

开始追求完美；

不断追问为什么。

二、4~5岁：数学逻辑、音乐智能敏感期

开始建立数学概念；

审美期到来，对穿着有讲究；

对音乐、识字敏感。

三、5~6岁：语言、自然智能敏感期

出现书写敏感期；

数学——逻辑能力上升；

喜欢搜集动植物标本，喜欢做实验。

除了这些一般性规律外，敏感期到来的早晚还与后天的环境创设有关。如果父母及时抓到宝宝所出现的星星点点的行为表现，并且创设环境对宝宝加以培养，势必能够帮助宝宝提升潜质。

四、选择兴趣班的原则

（一）师资配置

包括教育体系、教师的受教育经历、教育方法等，而且还要看是否重视个体差异。

（二）学习环境

包括是否有配套的教材，学习氛围是否轻松自在。

（三）宝宝的情绪

宝宝在学习时是否体现出开心快乐，这是选择的关键点之一。

五、兴趣班的几大类别

（一）音乐教育类

学习乐器、形体舞蹈、声乐演唱等。

（二）运动教育类

如轮滑、游泳、乒乓球等。

（三）美术教育类

如蜡笔画、水粉、国画等。

（四）语言教育类

识字训练、口才训练、第二语种训练等。

（五）逻辑能力类

珠心算、创造力训练、逻辑力训练等。

（六）其他教育类

启蒙教育综合训练、书法等。

曙光语录

◎ 报兴趣班——贵在“兴趣”，重在“孩子的兴趣”。

◎ 别让压力成为磨灭孩子兴趣的罪魁祸首。

◎ 在兴趣班中让孩子领悟何谓责任——对自己的选择和决定负责。

◎ 让自己在兴趣班的学习中和孩子共同获得成长。

五、孩子为什么要读大学

建议中国父母如果有条件，可以去书店翻阅一些美国出版，被翻译成中文的教材，你会发现这些教材充分考虑到方便孩子的自学，但中国教材总体而言需要老师来讲解。

中国教育在高中之前的教育是成功的，但到了大学，却是值得探讨的。我不是说中国大学不好，我要说的是中国的部分家长培育孩子的心态有问题。我发现很多中国父母，无论哪个年代的，甚至是古代的，都将考上一所优秀大学当作培育孩子的主要目标。几乎从婴儿早教开始，父母就不断给孩子灌输“好好读书将来考名牌大学，否则就要去扫大街”这样的思想。好像人生只有考大学这条路才能走向成功。

我也承认，孩子有条件，一定要读大学，多学点知识、多增加点经验，在专业领域有所突破是一件好事。

但是问题出在哪儿呢？

考上大学之前，全家人全力以赴，孩子做功课是头等大事，成绩有点退步就花钱请家教，周末及寒暑假的补习班一个不落。

而当孩子考上大学后，父母的心也就放下来，好似松了口气，后面的学习似乎与他们没有太多关系了。孩子从此就放心地交给学校和他自己了。

我不说孩子，就先说我自己的大学时代，我觉得我在大学里并没有学到自己应该学的东西。我们的教育实践中可能会有一个误区，就是有少部分家长和孩子认为，读大学不是为了学到什么，而是为了培养孩子的自学能力。而我认为大学不应该是培养学生的自学能力，而应该是培养学生的专业能力。

简单点说，中小学是培养孩子学习能力的地方，而大学则是培养学生专业能力的。如果说读大学是为了培养学生的自学能力，那么我想问，什么时候培养专业能力呢？

➡ 美国大学里到底教什么

在Ashley和Brian的读书生涯中，我研究过美国的中小学课程，发现他们所用的教材在中国父母看来相当于是一本专业的大学教科书，这些教材写得很详细，一般老师上课只能讲几页，讲得很少。学生回去必须要自己读，但读的过程中只要前面所学的知识基础比较扎实，那么靠他自己的能力读下来并读懂是没问题的，至于是否能活学活用，则需要依靠其他的辅助训练，这就是美国人对孩子的自学能力的培养过程。

那么在美国大学里，学生主要学的是什么？

学的是专业知识。之前我已经说过，美国大学的录取看的不仅仅是高考成绩，更看中你的综合能力以及你对自己的规划。这个规划就是帮助学生认清专业方向，并且建立个人愿景，通过大学专业的学习达到自己的目标。

综合来说，我们用四年的时间来培养孩子的自学能力，而美国学生则在用四年时间学到专业知识。

然后就有下面经典的案例——大学之前，中国孩子的成绩远远超过美国学生，甚至有中国的初中生在美国考高中数学考了满分的事件。但是大学之后，却被美国学生追上并超越了……

这就是两国教育体制的差别。

话说回来，我还是希望父母们有条件尽量培养孩子的自学能力，不要等上了大学再学，在中小学的时候，就可以适当锻炼起来。

在培养孩子自学能力之前，我希望作为父母能够先树立这样一个观念：作为父母应该有自己的想法，“逼”孩子读书并非下策。

➡ 22岁之前的人生由父母决定

“逼”孩子读书之前，要先学着去了解孩子们的成长周期，根据周期的特色来安排学习方式。在这里我把自己对孩子的成长周期的理解和大家分享一下。

第一阶段：6~11岁，从6岁到11岁，在教育的方式方法上没有大的技巧，只要发号施令，让孩子照做。

第二阶段：11~15岁，要和孩子讲道理，加上父母的身教，效果是很好的。在十四五岁的时候，孩子青春期的觉醒也是需要父母增强关注的。我和Ashley也会谈论两性关系、情感、家庭、女性群体的弱势等。但总体上来说，我认为在这些方面同性之间沟通更加容易，比如母亲和女儿、父亲和儿子。

第三阶段：16~22岁，确定孩子的兴趣，给孩子提供一个简单的环境，决定自己的专业发展方向。在选择时，我的意见占了主导，因为我认为自己的社会阅历更丰富，而孩子在自己的人生规划上是缺乏前瞻性和判断力的。

根据以上的成长周期，在孩子22岁之前，他们唯一应该做的一件事就是不断提高自己的综合能力，让自己不断地学习、学习、再学习，一切围绕着学习去做，因为这个年龄的人，大脑是最能吸收知识的时候，如果这个时候不好好学习，那么将来要用两倍甚至三倍的时间来偿还。

为什么我选择22岁？因为22岁正好是许多人大学毕业的年龄。很多人听说过美国人对于教育孩子的观点是“18岁以后全靠他自己”。但时代已经变了，请不要将美国人1980年代的观点，或者从《成长的烦恼》中看Jason对他儿子Mike的观点继续放在嘴边津津乐道，那已经过时了，因为美国父母的思维也在改变。

因此我对我女儿的要求是，22岁前我们有什么问题可以讨论甚至争论，但是一旦发生冲突，她必须得听我的。我给她的理由非常简单：因为是我在支撑她的生活，所以有矛盾的时候必须听我的。如果有一天，她来负责我的生活，那么我愿意也平等地、毫无怨言地听他们的安排和要求。这是我的原则，有原则会让大家做起事情来更方便。

Ashley对我的这个观点非常认可。可是她唯一的困惑就是，当她真的能赡养爸爸的时候，爸爸是否会听她的呢？

这个我知道，我一定会听她的！

曙光语录

◎ 父母们必须和孩子一起形成这个概念：大学学的是专业知识！

◎ 虽然中国的许多教科书不适宜自学，但还是要重视从小培养孩子的自学能力哦！

◎ 培养孩子的道路很漫长，但是一定要尊崇科学规律。

六、父母应该替孩子做决定

父母替孩子做决定并不都是坏事，关键是我们必须思路清晰，能够预先分析自己为孩子所做决定的好处和弊端。孩子的眼光和兴趣往往都是短暂的、基于当下情况的，并不一定能做出正确的、对她今后的人生发展有益的决定。这时父母如果“该出手时不出手”，就是对孩子极不负责。

在美国，从中学开始，学校就给孩子们提供了很多选修课。因此每个学期之前，我们做家长的都要花些时间研究该让孩子选修哪些课程。

(一)要考虑孩子的喜好和他自身的特长

这样孩子不管是偏向于文科还是理科，甚至艺术或更细的分类，从中学开始他就可以有所侧重地学习。而孩子学得越细越精，针对性越强，他的动手能力也会越强。这样孩子以后在专业方面的培训才不会变成眼高手低，只会低头读书，不会抬头看路的人。我的儿子Brian，他选学的是Computer Graphics(电脑绘画)，现在他已经开始学习用电脑画图，而且画得还很不错。他现在才10岁，如果坚持不懈地这样练下去，我相信当他大学毕业甚至18岁时，他的电脑绘画能力一定非常出色。

(二)要考虑孩子的喜好，但并非喜好就一定满足，父母需要为孩子选择真正有利于孩子发展的兴趣班

在选课问题上，Ashley曾和我发生过比较大的冲突：她想选修合唱，而我希望她选修演讲。她的理由是合唱课很有趣，而且她的小伙伴都选合唱课了，并且合唱课没有压力，只要跟在别人后面唱就行了。是的，在选课上，孩子理所当然地选择了一条对她来说非常容易的路，而我的理由是歌唱家不是她未来发展的方向，如果她想学唱歌的话，请个家教同样可以学得很好；但是从小锻炼演讲能力的机会，一旦错过了，就真的错过了。

当我与Ashley出现矛盾的时候总是需要有人做一个决策，但不能简单依靠“辩论”的方式来进行决策，而应该用一种比较科学的方法。我们将决策的好处与坏处进行分类，按重要性打上分数，打上分数后看看谁得到的分数比较多，从而做出最佳的选择，这相对来说比较公平。这种方法在企业管理中被称为“决策树”（decision tree）。“决策树”是MBA的一种管理与决策技巧，但我将其简化后变成我们家庭的一种决策方法。【决策树一般都是自上而下地来生成的。每个决策或事件(即自然状态)都可能引出两个或多个事件，导致不同的结果，把这种决策分支画成图形很像一棵树的枝干，故称决策树。】

为了到底选哪门课程，我们召开了一次小小的家庭会议，并且通过“决策树”的方式来共同选择选修何种课程。为此我们建立了以下这些条件来加以评断分析：

演讲与唱歌是否都要学？还是哪样可以不学？我们共同认为演讲很重要。我认为掌握演讲技能对于Ashley人生目标的实现是有必要的。

那么是现在学演讲还是将来学演讲，是现在学唱歌还是将来学唱歌？

条件1：老师教授：演讲与唱歌都需要。

条件2：环境：演讲需要有一个大礼堂，台下观众的参与也是我无法为女儿提供的资源。而唱歌则不强求这样的环境。

条件3：是否任何时候都能学：在社会上也有人教唱歌，但很少有教演讲的。并且优秀的声乐老师比优秀的演讲老师要容易找得多。

最后，我们通过这样的分析，我对Ashley说：“你不能为了逃避挑战而选取容易的事情去做，因此演讲课是你最佳的选择。”

结果显示，Ashley确实爱上了演讲课，并在团队中找到了乐趣以及成就感。

期末的时候，她告诉我，所有课程当中，她最喜欢演讲课。

这说明作为父母，必须看到孩子身上的潜能，去挖掘，促使孩子去挑战。

知子莫若父，孩子从出生一直到青春期，他(她)的性格、喜好都在父母眼里清清楚楚。一个善于挖掘孩子潜能的父母，会从孩子平日的习惯和性格特点上看出他(她)的一言一行、爱好倾向和脾性，从各种蛛丝马迹中找到规律。例如：发现孩子可能不喜欢绘画，但却对音乐很有感觉等，随后在他(她)比较有感觉的那块进行诱导和鼓励，并多和孩子进行沟通，了解他(她)更适合参与什么样的活动，学习什么样的课程，有可能在哪个方面发挥出个人的潜能等。

在这方面，父母应该做得比任何一个老师都好。

(三)选课的方向与孩子的目标需要配对

挖掘潜能这件事情，千万不可以急功近利。有育儿专家说过，过早地逼迫孩子学习过多的技能，让孩子产生抵触和厌烦心理，甚至有可能扼杀孩子的潜能，得不偿失。虽然孩子的早期经验对孩子今后的成长与发展至关重要，但是真正的早期教育应该从儿童的心理出发。

我和孩子的母亲每学期都会花一定的时间研究什么样的选修课是对孩子有益的，不但是孩子会喜欢的，而且跟他(她)的课程不冲突。例如，同一个时间选了A就不能选B，或者选了A就必须选B，因为两者之间具有发散的联系。在这种情况下，家长一定要帮助孩子选好课，而且当选课结果和孩子的意见不统一时，要力图说服孩子。

美国人非常注重孩子的独立性，他们会尊重孩子自己的选择。但我认为，让孩子自由发展成为优秀人才的概率并不大，家长一定要学会帮助孩子做决定，以及教育孩子如何确定不变，并做决定。

学会做决定是孩子成长中必不可少的重要一步，但在孩子还不懂事时一定要帮助他甚至替他做决定，否则就是对孩子的不负责任。一个负责任的父母不可能让孩子事事开心、天天开心，而必须坚持不懈地教育他、约束他。

七、“专才”不是“偏才”

作为企业家，我到现在为止没有用过一位“偏才”。为什么不用，因为“偏才”的思维和性格倾向性可能比较明显，比如容易不合群、傲气自负等。我不否认“偏才”有时候可能创造出比普通人更大的成就，或许对于推动企业发展是有好处的。但从我看来，“偏才”也将成为企业的地雷，团队精神的破坏分子。养一个“偏才”可能要为他在各个方面开绿灯，而对于非Google类的互联网企业，将导致非常大的问题。

比尔·盖茨的成功、乔布斯的成功，让今天的中国家长眼红不已。这就如同我在本书的导言中所说的，最早的教育家往往来自小概率事件的成功，因为他们罕见的意外的成功，于是他们的教育方法就成了人人膜拜的“圣经”。

而我却将这种强调偏才式的培养方式称为赌博式的培养方法。

这种培养方式带有些许“一意孤行”的意味，过早抹杀了孩子的个性及其学业上全面发展的可能性，一条道走到底。这种“小概率”培养法，成功率非常低。

而对于许多只有一个孩子的父母来说，一旦培养失败，就没有了回头路。

因此父母在决定培养自己的孩子某一方面特别突出之前，需要提前考虑的是，自己能否提供给“偏才孩子”未来的生存空间。而于芸芸众生中，你的孩子成为少数派之一，对家长来说，未必就是幸福，孩子也并不会感到快乐。

中国前几年高考改革时已经取消了文理分科。在这点上我挺支持的，这是国家鼓励和支持学生全面发展的体现。对于我们做父母的来说，如果希望孩子在某一方面有所专长，可以让孩子选修一些兴趣课程作为补充。当然，前提是学校要有足够的师资力量的匹配。

对孩子来说，只有一两门功课成绩突出，其他课程一塌糊涂，并不是件值得骄傲的事情。我国著名的力学家钱伟长当年以中文和历史两门学科100分的成绩跨进了清华大学。可其余四门课——数学、物理、化学和英文，共考了25分，其中物理只考了5分。按理来说他可以在偏才的路上继续走下去，可以成为著名的文学家或者历史学家。但是他却选择了自己的弱项作为专攻，坚持要改学物理，可他只有5分的成绩，让当时的物理系主任吴有训教授感到十分为难。但吴有训最终被这个学生的诚挚热情打动了，他对钱伟长说："那好吧，你先在物理系学习一年，如果到了期末考试，你的物理和高等数学的成绩达不到70分的话，再改学文史不晚。"钱伟长欣然接受了这个条件。一个学年下来，他各门功课的成绩都在70分以上，日后他也成为了我国近代力学的奠基人之一。

钱学森教授也非常看好"全才"："21世纪的全才，大约只需一个星期的学习和锻炼就可以从一个专业转入另一个不同的专业。这是全与专的辩证统一。这样的大成智慧硕士，可以从事任何一项工作。以后如工作需要，改行也毫无困难。当然，他也可以再深造为博士……"。

我对Ashley和Brian姐弟俩在学校的功课，虽然不要求必须是第一名，但是每门功课必须达到A。在我看来，小学与中学对孩子们来说是非常重要的学习阶段，此时学的每一门课，都是为将来更高层次的学习打好基础。这个阶段如果不被重视，凑合应付过去，那么孩子们今后的学习必定会出现问题及缺憾，那时再亡羊补牢则为时已晚。

让我非常欣慰的是，Ashley几乎所有课程都是A，当然有些时候也会考出A-来，但我觉得没有关系，一样非常高兴。

也许你会问我，"偏才"和"专才"，到底有什么本质区别，难道不都是某一方面或者某一项课程比一般人更突出、更优秀吗？

那么我告诉你，所谓"专才"就是在全面的基础上有所专长，术业有专攻，形似金字塔——有雄厚而稳重的底座，并在此基础上发展个人特色，像过去著名的科学家钱伟长，在力学方面非常有造诣，却一样写得漂亮的好文章并精通历史；而“偏才”则像一个细长的长方形，从头到尾都只有一个可能性——要么成功，要么就失败。

而好的金字塔教育法则，会更重视学习中的实际操作、动手能力和运用价值。不让孩子成为“无用”的专才。

金字塔教育法则

——何谓金字塔教育法则？

1.金字塔必须有全面而牢固的基础；

2.金字塔随时间的推移而逐渐确立专业方向；

3.“有所专长的全才”——在全面的基础上，有一技之长，术业有专攻，形似金字塔——有雄厚而稳重的底座，并在此基础上发展个人特色。前提是基础，是全才。

TIPS

金字塔模式的图示

除金字塔教育法则外，还有一个成熟的学习方法，被称为“学习金字塔”。

“学习金字塔”理论是美国缅因州国家训练实验室的研究成果，它用数字形式形象显示了：采用不同的学习方式，学习者在2周以后还能记住学习内容（平均学习保持率）的多少。它是一种现代学习方式的理论。最早它是由美国学者、著名的学习专家埃德加·戴尔于1946年首先发现并提出的。

在塔尖，是第一种学习方式——“听讲”，也就是老师在上面说，学生在下面听。这种我们最熟悉最常用的方式，学习效果却是最低的，2周以后学习的内容只能留下5%。

第二种，通过“阅读”的方式学到的内容，可以保留10%。

第三种，用“声音、图片”的方式学习，可以达到20%。

第四种，是“示范”，采用这种学习方式，可以记住30%。

第五种，用“小组讨论”可以记住50%的内容。

第六种，用“做中学”或“实际演练”的学习方式，可以达到75%。

最后一种在金字塔基座位置的学习方式，是“教别人”或者“马上应用”，可以记住90%的学习内容。

埃德加·戴尔提出，学习效果在30%以下的几种传统方式，都是个人学习或被动学习；而学习效果在50%以上的，都是团队学习、主动学习和参与式学习。

曙光语录

◎ 不要企图走捷径培养一个成功的偏才，你的孩子不是那0.01%，除非你已经做好了99.99%失败的心理准备。

◎ 有了解才能判断——父母还是得让孩子多懂一些，再多懂一些，才能作出正确的判断，决定自己发展的方向。

八、超越分数的学习

我不知道用分数来作为学习成绩的评判标准是从什么时候开始的，但是在全世界这几乎都成了通用的方法。我对孩子的考试成绩并没有什么硬性的规定，但这不影响Ashley带给我惊喜——Ashley生物课考了100分。虽然她的英语经常考100分，西班牙语也很好，但是生物满分，这还是头一遭。

当然，对我来说，这100分的意义远不止让我觉得骄傲或满足，而是这个满分能够成为一个“成功”的范例，让Ashley去探寻成功的奥秘。

人人都知道：失败乃成功之母。理由很简单：有了失败的经历，自然知道哪些是不能做的，哪些可能产生不良影响。反之亦然，假若分析成功的原因，也就自然懂得了哪些是应该做的，哪些会产生积极的后果。从这个角度来说，成功更是成功的祖宗。所以，解析成功背后的原因和掌握失败的诱因同样重要。

那么掌握了成功的秘诀之后，是不是就可以万事大吉了呢？

当然不是。

说到这里，我突然想起了曾经听说过的一个笑话，也许能轻松地解释我想表达的意思。

话说某大学生为了考试而通宵复习，直至天明方才迷糊入睡，闭上眼睛时还紧握着手中的那本《教育学概论》。谁知第二天考试科目竟是“教育心理学”，该生在考场上奋笔疾书，竟也获得了不错的成绩。同学纷纷称奇，问之，答曰：原理是相通的啊！

对了，就是这句话——原理是相通的。

在我们的人生中，形形色色的事件太多，但是谁也不能否认它们之间有着千丝万缕的联系。掌握了成功的秘诀，再举一反三地运用到其他事件里，便是顿悟，是醍醐灌顶。

因着我对成功有这些看法，Ashley被我要求在生物满分之后写一封信，总结她成功的原因，以便保持并发扬下去，并应用到其他学科上。

以下即Ashley的信件和我的回复：

亲爱的老爸：

我生物测验拿100分的原因有：

测验非常简单；

我认真学习了(但我其他每次考试也都认真学习的)；

我做完后检查了(但我其他每次考试也检查的)；

我把概念掌握得非常、非常、非常、非常好。

我的回复：

亲爱的Ashley：

如果上述是可能的原因，我来列一些同样有道理的原因：

我学习了，但我通过更好的方法学习，并且理解得更加透彻；

我比以前对概念掌握得更加透彻；

我学过的每一章都更加注意细节和定义；

也许你的弟弟帮助你复习了；

也许你的演讲帮助了你这次考试，因为你知道检查常用词的定义了；

也许你考试前一天晚上睡得比较好；

也许你考试前一天晚上吃了很多鱼和蔬菜。

也许其中一些原因有些无厘头，但它们都可能是我们得高分或者低分的原因。大多数情况下，我们并不确切地了解其中的原因。如果我们能把原因找出来，那么知道这些原因会成为帮助你以后测验以及未来成功的魔力。因为如果你知道自己获得成功的方法，并且知道怎样使用这些方法，你就知道我现在为什么叫你写总结了。

那就是，你需要找出来，你在生物学里是否找到可以应用于其他学科的更好的方法或技巧？

所有定理和公理都是通过对世界仔细地分析得来的。这就是为什么每次对结果(无论是好结果还是坏结果)进行分析是很有必要的。你需要考虑一下，下次你或者你弟弟测验或活动结束后是否需要如法炮制地探讨一下。

爸爸

信件往来之后，Ashley对自己的满分经验有了深入的认识。一次考试100分，按照惯例都成了过去，但是却在我们父女这样的沟通之后，演变成未来的战略之一。如果失败了，我们就在倒下的地方重新站起来；成功了，我们就抓紧吸收其中的秘密，并且保持下去，令其更加丰满和有力，以取得未来更多的满分与成功。

这就如同我管理我的企业一样，一次赢得客户和财富永远不会是结局，只是为下一次胜利收获了一次重要的成功信息和成功规律。寻找规律，让事情变得更简单，让效率变得更高。即使是不同领域，也会有某些相通之处。生命有限，如何高效地学习、工作、生活，是另一种延长寿命的方式。

所谓“乘胜追击”，说的就是这个道理！

TIPS

父亲与母亲对待孩子成绩的差异点

每次孩子考了高分，母亲多数是用语言来进行奖励。而父亲，则除了语言奖励外，还会帮助孩子放远眼光，找出成功背后的诱因及规律。

每次考试结束后，母亲关心的往往是分数，是孩子在班里的名次；父亲关心的则是孩子的考试水平，有没有受到紧张心理的影响，为什么会考高分或者低分。孩子考得不理想时，母亲的常见反应是要孩子缩减游戏活动时间，将精力更多地投入功课上；父亲则建议孩子暂时通过游戏和外出散心来释放自己的沮丧心理，用休整的方式改进和提高，然后一起从中找到失败原因并加以改进。这些都是父母在教养方式上的不同。

曙光语录

◎ 分数的意义在于标榜成功，鼓励再次突破。

◎ 成功的意义在于揭示规律，以图乘胜追击。

◎ 规律的意义在于浓缩人生，创造更多奇迹。

九、跳级是一种急功近利

有朋友看过我之前的那本书《我就是喜欢创业》，里面提到我16岁就进大学读书，我依旧想重申的是，这是那个时代造成的原因，并不是我自己想跳级。

我得说我非常反对跳级。

学习就像搭金字塔，要一层一层地向上爬，每一层都有必须吸收的知识。如果你通过学校的测试来证明你已经掌握了所学知识，并获得了跳级的资格，那么你可以跳过去一层，但这一层将来也会成为你最薄弱的一层。

和“跳级”类似的还有另外一个普遍的现象，是每个小孩从小到大都曾经历过的：在上课时，我们会认为老师所说的东西自己都已经懂了，由此在该节课上不再认真听讲，甚至开小差。

在Brian身上我就发现有这个问题，有一次在和老师的交流中，老师对Brian做出了“could do better”的评价，因为他在课堂上开小差、看闲书，还影响了其他孩子，如果他能在课堂上更加集中精力，他的表现会更好。

回家的路上我对Brian说：有没有听到刚才老师讲的话？

儿子：听到了。

我：你做得对吗？为什么会这么去做？

儿子：我不对，但老师所说的内容我都懂了。

我：是老师讲课之前你都懂了还是老师上课之后懂的呢？

儿子：这都是因为老师上课的内容我都会了。

我：在上课的时候，你还没有听老师要上什么课，你怎么就能说你懂了呢？

我的话还没有讲完，你怎么知道我下一句要讲什么呢？也许你明白我上一句，怎么能说明白我的下一句呢？你觉得你懂了，可同样一个公式，老师在讲的时候我看了，你知其然，不知其所以然。真正学透是不容易的。会一点和真正掌握完全是两个不同的阶段。

最后，我对Brian说："不要再让我听到老师对你有这样的评价。"孩子有很多假设性的东西，家长必须洞察并予以打破。

这个问题同样回到了跳级上面，如果孩子从二年级跳到四年级，当然他通过自学的方式学完了三年级的课程，可是他不知道三年级的时候，课程之外还应该学什么，这中间一年的断层也许对于孩子的未来不一定会有影响，但如果类似这样的"跳级"跳多了，他缺失的那层学习经验，对于未来做大事来说，有害无益。

我坚决反对孩子跳级，但更赞同让他们"重读"，这个重读我指的是兴趣班的重读，而不是留级。Ashley和Brian因为成绩比较优秀，被老师推荐去参加Advance Class(兴趣提高班)，对于这类兴趣班，我能让他们学完后再学一次，每学一次都会有新的认识。我知道这类提高班里的课程，对孩子来说其实是有难度的，因此多学几次反而能让孩子渐渐对这门课程有新的理解，并最终掌握其中的知识。

但学校的课程如果要重学这就是孩子的问题了，无论是中国还是美国，课程的设置是有科学依据的，除非孩子确实不用功。

美国教育中也存在急功近利的现象。

一些非常重视子女教育的父母，会非常刻意地去培养孩子额外的兴趣，或者去开创一个壮举，其目的就是让他们将来能够上名校。

我曾和Ashley谈论过一条新闻，说的是美国一位16岁的女生森德兰为了成为世界上独自驾船最年轻的环球航行者，在父母的支持下开始了独自旅行，但在报道中提到她遇到了危险，并一度失去联系，大家都以为她遇难了，好在周边国家出动了大量人力和财力去搜寻她，最终与她取得了联系。她的这种壮举得到许多人的认可，但是她未曾想过这种壮举可能给他人带来不必要的麻烦。除此之外，我从中嗅到了目的性的味道。因为当森德兰成功环球航行后，她必定能被像耶鲁大学这样的学校所录取。

我对Ashley表达了自己的观点：作为父亲，我绝对不会赞同自己的孩子去做这样的壮举，因为这样做是父母对孩子的不负责，也是在宣扬“为了引起关注而冒险去完成一件壮举”这一急功近利的行为。

当然在Ashley看来，这种行为是非常酷，还能展示当代女性的勇敢和个性魅力。不过她也说自己并不会去参加这类活动，理由是这种兴趣爱好并不是一种可持续的行为，而如此冒险不仅会让家里人担心，更重要的是为了达到自己环球航行的目的，政府需要投入更多的资金用于海上救援等工作，这是一种自私的行为。

新闻里的这个16岁女生的行为，其实正好迎合了前几年中国流行的某些作文大赛，有“偏才录取”的倾向——为了迎合评委的喜好，很多学生写的文章都往新颖角度靠，而有些所写的内容已远远超过他们年龄应该接触的内容，这种唯利是图的行为非常不利于培养一个心理健康的孩子。

曙光语录

◎ 不同的人生阶段有着不同的价值，跨越看似很耀眼，其实说不定就错过了沿途更美的风景。

◎ 不要高估自己，也不要低估别人。

◎ 扎实和稳固不会出错，只是好处没那么快显现。

十、听爸爸的，还是听老师的

我和Ashley曾经探讨过一个问题：当老师和爸爸的意见不一致时，我该听谁的？我这样回答她：遇到这种情况，肯定是听爸爸的。因为爸爸的见识和阅历都要强过你的老师，所以爸爸错误的可能性比较小，相反，老师错误的可能性比较大。

学校的教育是普及大众的，没有针对性。无论中国还是美国。

美国教育将“不让一个孩子落后”作为标准。

这是一件好事。但反过来想，如果学校的课程、教科书都为这个标准服务，学习的速度就会变慢，好的学生会感觉很枯燥。在这种情况下，对于好的、优秀的学生，家庭教育一定要及时跟上。

很多学校没有针对孩子全面发展的课程或活动，必须要通过家庭教育来补上。这种理念不仅适合于美国，对中国家庭也是如此。

我们送孩子去上的各种兴趣班，无论是作文、钢琴、绘画还是公益活动，都属于家庭教育的范畴，但家长对于家庭教育的重视往往不够，尤其是中国家长。

美国的家教一直被渲染为“没有家教”，因为大家看到的是一种比较宽松的氛围。其实美国真正的优秀家庭，无论贵族还是中产阶级，他们的家教都是非常严格的。西方有很多贵族，他们在教育孩子方面，都非常重视并规矩多多，只有不上进的，或者觉得对孩子没有足够认识的，才会放任自流。

在美国，很多身份地位显赫的家族，他们教育孩子的方法完全不是我们所见过的美国教育方式，从一定角度而言，更像中国的传统教育。这种情况下的家长非常严格，对孩子的要求非常高，孩子在学习上的强度与压力绝对不亚于中国孩子。因为对这些贵族大家来说，孩子不仅代表自己，更代表家族的延续与体面。这就是为什么美国不会有富不过三代的说法，他们对家教的重视程度，远远超过我们的想象。

大家比较熟悉的美国家族代表，就有肯尼迪家族、石油巨头洛克菲勒家族等。

在中国，也有一些如我一样理性而有智慧的企业家，特别看重财富能有效地传承给子女，期望子女能够守好他们创下的“江山”，所以在家庭教育上管得很严。

那些有良好家教的孩子，并不像人们想象的那样，成天穿戴奢侈品、开顶级豪车。他们基本都受过良好教育，大多数在国外生活过。

为什么孩子往往更相信老师

做父母的总会遇到这样的问题——孩子在学校里和在家里判若两人。多数在学校里是乖孩子，回家就变成小霸王。从某种角度而言他们更害怕老师，这也导致他们更相信老师。

中学时，几个好的辩论学校的学生收到伯克利大学的邀请去做演讲，Ashley也在参加的名单中。但是，在演讲的话题上，我和她的老师就产生了比较大的分歧。她的老师认为她可以围绕“英雄”这个话题展开演讲。但是作为爸爸，我非常反对，我觉得这是一个非常有挑战性的话题，因为“英雄”是一个非常难以界定的概念。什么样的人才能称得上是英雄？我们大多数人都无法给它下一个确切的定义，更何谈激发人们去做一个英雄呢？这不是一个中学生可以搞清楚的话题。

最后，Ashley还是以老师建议的命题作了演讲，她没有拿到冠军。但我却觉得这是件好事，因为至少她通过这次演讲，能明白她参赛的命题是有问题的。通过这件事，她也发现爸爸说的是对的——如果要就一个话题进行讨论，必须先搞清楚定义，这样别人才能知道你探讨的是什么。如果仅仅是为了探讨而去探讨，这就没有多大意义了。

通过这件事，我专门找了一篇文章，让Ashley和Brian周末读一读，那篇文章叫作《什么是时间》。

孩子们一看到这个标题后就说：什么是时间？时间就是时间！时间的时间！其实如果拿这个话题来问我，我也会犯糊涂。我们只知道时间可以以秒计、以小时计、以天、以年计算，但我们完全不知道时间是什么！同样我们可以问：宇宙是什么？在137亿年前宇宙出现之前，时间又是什么？时间可以倒流吗？时光旅行可能吗？

由此可见，小小的关于时间的定义就可以引出这么多值得深入探讨的问题，这些就是“知识”！

后来Ashley再参加演讲，选择演讲命题的时候，会更多地听取我的建议。当然她自己也懂得筛选爸爸和老师分别给她的建议，并从中找到最准确的方案。

当然，无论是学校教育还是家庭教育，能够天衣无缝地融合在一起的综合教育，才是好的教育。好的教育能够给孩子多方面的知识以及人生的阅历。

而大多数时候贯穿学校与家庭的主要联络方式，就是“家长会”。

家长会是了解自己孩子的好平台

孩子向来认为家长会是老师和父母联合起来“监督”和“检查”孩子的一种会议。

我想，孩子会害怕老师，主要是因为老师会告诉家长，所以从本质而言，孩子最害怕的，还是父母。

家长会是一种良好的沟通途径，能帮助父母全面了解孩子的学习和个人发展情况，了解孩子在家与在学校的表现是否一样。但是在家长会上，我往往更关注以下几点：

1. 孩子是否在说谎？而家长会能规避孩子说谎的可能性。

2. 孩子身上有哪些父母在家没有发现的毛病？如注意力不集中、多动症、开小差。

3. 孩子的交友能力、与其他同学的沟通能力、对于世界观的认识问题。

总之，父母对孩子的了解，不能光从家庭出发、单方面从父亲的角度来判定，而需要从孩子所接触的群体中加以更全面的了解。一句话，身为父母，不能对孩子的一切“想当然”。

TIPS

给父母和孩子的特别建议

给父母的建议：如果你觉得自己的学识水平和分析解决问题的能力都不如孩子的老师，建议你还是多考虑一下老师的意见，因为这个意见正确率比较高。应该教会孩子如何判别父母和老师的建议哪个更适合自己。亲情并不是孩子遵循法则的第一原则，最关键的是要明辨是非。

给孩子的建议：尽管老师教会你26个字母，教会你加法、乘法、方程式和函数，但他也只是一个人，不要因为他会解你不会解的数学题或者知道有关天文、地理、历史的很多有趣的故事，你就觉得他无所不能，他的话你非听不可。事实上，老师与爸爸和你一样，也会犯错，也有不知道的东西。正因为如此，你才要更好好学习，将来超过我们，成为更厉害的人！记住：老师和父母都会犯错，如果你不知道该相信谁的时候，就相信那个懂得更多的人吧。

曙光语录

◎ 其实真正的美国家族也是非常重视家教的。

◎ 父母或者老师，没有谁能代表绝对的正确。只有知识和经验，才有权代表权威。

◎ 家长会不是形式主义，而是全面了解孩子的绝佳途径。

十一、像外国孩子一样有自信

对于称赞的回应，中国人和外国人有着很大的区别。这点在年纪稍长者的身上表现得尤为明显。如果你对一个中国人说：你很漂亮、你很棒。你最有可能得到的回答是“哪里哪里”或者“没有没有”。但外国人一般会用“谢谢”来回答，显得对他人的称赞非常受用。在很多人眼中，这就是东西方人在自信上的差异。

Ashley虽然有着黑头发、黄皮肤，但接受的却多是西式的教育。如何培养她的自信，也就成了一个矛盾的焦点。对于自信，我个人的观点同时受到东西方观点的影响：不必一味谦虚，也不能盲目自大。

有一次我看到Ashley在做数学题，我发觉她的做法有点与众不同，并且用了一些小技巧就把看似复杂的题目给做了出来，我觉得不错。于是我就问她，在过去的半年和一年中，你观察下来，在平时学校里遇到问题，老师上课提出问题后，谁会先举手来解决和回答问题？她想了想说：“爸爸，平时我注意到了，那可能就是我了。”

我觉得这样的回答很棒，并不是一种狂妄的自信，而是一种真诚的自信。我想说的是，相对谦虚，我更看中孩子的真诚。这个真诚可以理解为：主动去学习别人的长处。不要怕被别人学习，也要敢于去学习别人。看到别人的缺点，就要尝试避免自己身上有同样的缺点。

当然，并不是说我们可以摒弃谦虚。我希望在我的孩子身上，自信与谦卑共存，甚至更谦卑一些。因为自信过头必然带来盲目的自大，从而带来的风险，要比谦卑大几十倍。很多意外都是由于盲目自大而产生的。而谦卑的人虽然成就不了大事业，但至少不会出大纰漏。在谦卑和自信之间最佳的平衡点，是既保有一颗谦卑的心，又富有知识和底蕴。

一旦对自己的实力有了客观的评定，那么就有能力做出真实可信的决定。知道自己的不足，才能真正比较理性地分析。当一个问题出现的时候，用什么方法去克服它，对任何人而言，在挑战来临前必须先进行充分的分析。一旦做出决定，就要全力以赴地克服它、征服它。对于目标的坚持不懈，才是自信的表现。

Ashley也偶尔抱怨，觉得我们没有充分认可她的能力，对她的信任不够，让她缺乏自信。其实作为父亲，我始终觉得孩子的自信不是依靠毫无价值的赞许而建立的。如果孩子不能辨别称赞的真实性，那么很可能会在大人的肯定中飘飘然失去自我，变得夜郎自大；如果孩子能辨别出哪些是真心的，哪些是形式化的或者习惯性的，那又何必浪费口舌去说些毫无价值的话呢？

而对于每个家长来说，建立孩子的自信是一个循序渐进的过程，父母和孩子都不能带着盲目的心态。要知道：自信源自真诚与谦卑，表现为慎重与坚定。

➡ TIPS

让孩子有自信的25种方法

1. 认真对待孩子的要求；
2. 给孩子自己做选择的机会；
3. 不要嘲笑孩子说错的话；
4. 认真对待孩子的提问；
5. 给孩子一个展示作品的空间；
6. 给孩子一个属于自己的领地；
7. 不要拿孩子和别人比较；

8. 让孩子偶尔当当家；

9. 让孩子选择自己的衣服；

10. 和孩子一起看他(她)所喜欢的动画片；

11. 让孩子做一些力所能及的事情；

12. 鼓励孩子表演特长；

13. 让孩子多和同龄人玩耍；

14. 帮助孩子拟订详细的计划，并提醒他(她)执行；

15. 当孩子玩可乐瓶、鞋盒等各种废弃物时，不要武断制地止他；

16. 当孩子在玩游戏的时候遇到困难时，让孩子自己解决；

17. 当孩子有进步的时候要具体表扬，而非笼统地说“你好棒”这样的话；

18. 重视自己对孩子的承诺；

19. 帮助孩子发挥个性中积极的方面，让他(她)成为有个性的人；

20. 教他(她)从小认可自己的长相；

21. 向孩子提供书籍和材料，支持他(她)做自己梦想的事；

22. 让孩子认识到自己的才干和能力，他(她)才会更有自信；

23. 尽量让孩子在生活中脱离依赖；

24. 让孩子从小学会游山玩水；

25. 父母遵循合理的行为标准，做受人尊敬的人。

曙光语录

◎ 真诚是建立自信的第一步——勇于面对差异。

◎ 谦卑不是自信的对立面——客观地看待自己。

◎ 信心的表现——谨慎决定后的勇往直前。

◎ 用有价值的肯定帮助孩子建立自信——父亲的作用。

十二、“量化”你与孩子的沟通

沟通是了解孩子最好的方式方法

如果我说和我的孩子们沟通非常顺畅，肯定会有人怀疑我自夸，怀疑我的孩子是否真心愿意和我沟通，还是因为我的严厉而被迫和我沟通。我不知道，我也不在乎。我始终强调的是，父母不应该先做孩子的朋友，而应该先尽到父母的职责，通过沟通去了解孩子，而沟通是了解孩子最好的方式方法。

有专业机构通过调研发现，中国有83%的孩子与父母沟通困难。大多数的沟通场面，都是家长不知道该和孩子说些什么。

上海曾有一档很受中老年夫妇欢迎的调解节目《新老娘舅》，里面经常播放一些父母和子女之间的问题，多数都是碰到问题无法一起坐下来有话好好说。父母嘛，经常太过自我，说教过多，不能够站在孩子的角度来看待问题；孩子则比较叛逆，吃软不吃硬，认为父母只会反对，不会理解自己。

沟通的本意是“理解与被理解”，这在《高效能人士的七个习惯》中也是一个非常重要的习惯。如果达不到很好的沟通，知识如何传递及传承？就像拷贝电脑文件一样，如果电脑文件每件都拷得“差不多”，每件都拷到90%就够了，你拷回去一样打不开，无法看到内容。

我觉得家长和孩子在沟通过程中，肯定会有冲突，甚至翻脸。但是即使如此，也一定要和孩子说清楚，今天说不下去了，冷静下，大家都冷静一下，整理一下思路，想想对方的出发点，也想想自己的原因，明天继续坐下来谈。如果你的孩子坚持不愿意沟通，这问题完全是父母造成的。我在书中其他章节里说过，孩子是一张白纸，他所有的后天习惯与品德，都是从大人身上学来的。

也许这时会有父母很生气地问："孩子就是不愿意与我沟通怎么办？"他不愿意和你讲，你多方面进攻，别太唠叨，把控一下语速和脾气，耐心地和孩子好好说。

如果你的孩子最后和你说："对不起，我拒绝回答你。"那我想，作为父母此时应该觉得羞愧，因为这个孩子已经不尊重你了。他为什么会不尊重你，这就要从家长身上找原因了。

➡ 麦当劳式的量化沟通

在我们家，无论我和孩子们之间谈论什么话题，交流和沟通任何观点，我都会强调一切简单化，一切细节化，一切流程化。

比如说当我和Ashley交流一些想法和一些事情的时候，我都会按如下步骤来进行沟通。

首先，我会让她先表达自己的看法，她为什么要做这件事，有什么好处。

然后，我会告诉她我为什么反对这件事情，我反对的时候不是很简单地说不，也不会对孩子说：我是你爸爸，我吃的盐比你吃的米还多，诸如此类的话。作为家长，大多数时候我是对的，但是在和孩子沟通时，态度可以强硬，却绝对不能不讲道理。除非这件事情非常严重，而孩子完全听不进去的时候，我才会采取"修理"的方式。幸好，这样的情况在我家从来没发生过。

最后，孩子也会表达对我的抗议，我就会通过反问或者让她自己来分析这件事的方式，精确到具体细节。比如她认为家里只要有人，则所有的灯都开着也没有关系。我就会让她通过反问的形式自己问自己：当我不在这个房间里的时候，灯亮着，是为了什么？

她自己思考了下，就会告诉我说：浪费电，不环保。

然后这个争论就在双方都痛快的情况下，结束了。我没有拍过桌子，也没有骂人，她也没有哭鼻子，没有跳起来说不要我管。

这样的沟通，我称之为"麦当劳式的沟通"。

麦当劳属于世界连锁快餐业巨头，菜式简单，基本上是一片牛肉饼加两片面包，却风靡全世界。

麦当劳是怎么生产这一片牛肉和两片面包的呢？从面粉品牌的统一，面粉质量的统一，加入水的质量的统一，甚至搅拌次数的统一，搅拌机器的统一，烤箱温度的统一，烤面包时间的统一……所有的计量单位都精确到秒、克、度数。凭借标准化管理和量化执行，易于复制，使消费者在世界各地的麦当劳餐厅中品尝到的食物一样优质。麦当劳式的沟通亦可称为精确沟通、量化沟通，这样可以避免沟通之间的模糊和误区。

和麦当劳式的西式快餐相比，中国菜的菜谱往往让初学者看上去云里雾里，“盐少许，糖少许，酱油少许”，那么“少许”究竟是多少？“小火，中火，大火”，究竟是多少温度？“一把”，每个人手的大小不一样，抓的一把多少也不同。每个厨师都可以有自己的把握。因此，即使是挨得很近的两家中餐厅，做出来的菜都可能味道截然不同。这样的沟通无法保证达到预期效果，因此大多是低效率的。

如果我们在和孩子交流的时候都采取“中国菜谱式的沟通”，模糊不清，怎么可能达到很好的沟通效果呢？

小小的麦当劳为什么可以在全世界遍地开花，整个集团年产值近1 000亿美元，近7千亿元人民币。中国的八大菜系所有有名的餐厅加在一起为什么都达不到这么多营业额？麦当劳的平均营业额是中式快餐的160倍，但全美国有4万余家中餐馆，数量达到麦当劳的2倍以上。当然，受到麦当劳、肯德基等西式快餐店的影响，很多人开始尝试中式快餐，其中也不乏做得比较好的。这大多是因为他们借鉴了西式快餐的管理方法——标准化管理、量化管理，才给他们提供了强大的发展后劲。

这就是为什么要从小培养孩子良好的生活、学习和工作习惯，不仅我们和孩子的沟通要做麦当劳式的，而且要教会孩子在今后的沟通过程中自觉地使用麦当劳式的沟通。

TIPS

父母与孩子沟通的主要原因

如果你有心事，最愿意把它告诉谁？在一次家庭教育的活动现场，在座的15名学生中，只有1个人愿意告诉家长，大部分学生愿意把秘密埋在心里，或者告诉自己的好朋友。原因很简单，孩子和家长之间不平等，孩子不愿意和父母沟通。

造成家庭亲子沟通困难的原因，37.9%的家长认为：孩子大了，有自己的见解，我们的话他们不大愿意接受。21.9%的家长认为：孩子太小，好多道理讲不清。18.5%的家长认为：现在的社会变化太快了，我们不知道怎样告诉孩子去适应社会。12%的家长认为：我们不太了解学校的事，提出的要求往往不容易与学校一致。9.7%的家长认为：我们与孩子相处的时间实在太少。

很多时候我们父母知道自己的问题，但却不知道如何去解决。沟通的起步来自父母以低权威与孩子之间的讨论交流，倾听孩子的心声，理解孩子的需求，而不是居高临下地命令和霸道式的权威。家庭成员之间只有通过沟通的管道，才能开启对方的心灵之窗，产生多元思考的空间，激发深层的省思，培养思考的习惯与虚心学习的态度。这种沟通，既可以是语言上的，也可以是非语言的。

曙光语录

◎ 亲子沟通障碍是一点一滴累积出来的，所以自打孩子一出生，父母就得学着从宝宝的角度进行思考，哪怕他还只是一个婴儿。

◎ 交流：先交换想法，再流动想法——把我的想法流给你，也让你的想法流进我的脑袋里。

◎ 有效沟通=各抒己见+毫不含糊+换位思考

十三、一边休息，一边学习——最佳的学习方式

为什么大多数学校上课的每堂课设置为45分钟，在课间还有10分钟的休息时间？第一反应——因为我们的身体需要放松一下，可以在这宝贵的10分钟里补充营养或排出一些废弃物。其实最重要的原因还是因为大脑在高强度的学习与工作后需要休息。只有这样它才能获得进一步的动力进入下一轮的工作与学习。若缺少这样的休息，大脑虽然可以持续工作，但效率会越来越低。

没错，我们的大脑在运转时是有周期性的。我最初并不关注这个问题，但在观察身边的同学、同事以及员工的工作状态后，便开始意识到这个问题的重要性。我把这种以遵守周期性特性为第一原则的学习方式称为"波形学习法"——因为周期性是波最主要的特征之一。

作为自然界普遍存在的能量传播方式，波的周期性特质也被人们所广泛运用。

例如在美国，种地是一年种一次的，土地也有暑假和寒假。

而在国内，南方农田一年四季都被安排得满满当当。常常是这个品种刚长完，做些简单的处理后就直接播种另一个品种。但是水稻是通过换水来保证营养的，这种套种的方式，容易造成土地的贫瘠，从而影响农作物的产量和营养价值。

孩子的学习也是一样的道理，必须尊崇"波形学习法"，让孩子在合理的时间安排中释放最大的能量效果。不能长时间地进行同一学习内容(或方式)，把孩子压得喘不过气来，这样只能使他们厌倦学习。

Ashley很清楚我的"波形学习理论"，也几乎能贯彻这种方法，但偶尔还是会忘记。

一次我出差时，太太在电话中告诉我Ashley头疼，既不是因为吃坏了东西，也不是因为体育课太累了。于是我给Ashley打了电话：

“怎么会头疼呢？”

Ashley立刻回答道：“这是我的问题，因为今天我连续做了三个小时的物理作业。”

“嗯？”

“爸爸，这是我的问题，我应该每隔一小时去院子里活动一下的。”

我很理解Ashley因为认真去做某件事而全身心地投入“没有时间观念”的想法，甚至对这样的执着有些小小的欣赏。但如果因为一时的“固执”而迫使自己在低迷的精神状态下保持思考，那似乎有些“愚”的意味了。

我始终坚持提醒她注意“波形”理论，相信她也会越来越认可这种学习方式的价值。

而我，也不断地利用和寻找各种机会，带领她在学习之余，获得更多可以自由呼吸的空间，让她小小的心灵得到充分放松。

通过观察和统计，我发觉13岁左右的孩子最好的波形周期是30~50分钟，然后会滑入波谷。10分钟的休息时间能有效帮助其大脑转移注意力，在短时间内恢复高效的学习状态，并进入下一轮的波形运动中。于是我要求Ashley养成这种学习的习惯，并尝试把“波形学习法”运用到课外活动，甚至是玩游戏上。只有这样，才能使大脑不容易疲倦，永远保持最清醒的状态。即使遇到突发事件，也不会因为状态低迷而失误。

➡ TIPS

尊重自然规律，不让孩子成为强弩之末

大自然是值得我们尊重的，很多奥秘都和我们的日常生活息息相关，很多现象背后都有着相通的基本规律。就像光波、电波、声波，它们共有的周期性特质能帮助我们保持一个良好的精神状态。对孩子来说，有时候“玩”是为了更好地学习。

（一）生理性疲劳往往恢复较快，而心理性疲劳则是孩子主观体验的一种疲倦感

心理性疲劳的危害性表现在它不仅会引起生理性疲劳，而且还会导致孩子对学习的厌倦情绪。

心理性疲劳的孩子常有以下几种表现：

1. 不愿做作业，甚至不爱上学；
2. 一看书就犯困；
3. 即使在没有外界干扰的情况下，注意力也常常不能集中；
4. 对父母有关学习的询问保持沉默或表现烦躁、转移话题；
5. 学习打不起精神，玩乐却十分活跃。

(二)如果孩子属于心理性疲劳，父母不必过于紧张，可从以下几个方面帮助孩子进行“心灵按摩”：

首先，父母不要单纯地用分数高低来衡量孩子的进步与否，更不要拿孩子的成绩和他人相比。应该让孩子进行纵向比较，即自己和自己比，过去和现在比。只要这次考试比上次好，就应该给孩子以鼓励和嘉奖。

其次，给予孩子自信心和调整自己的空间，这也有助于培养孩子坚强的意志和坚韧的毅力。

第三，在假期里多找机会带孩子外出接触自然、接触社会，在使孩子得到放松的同时，也丰富了他(她)的知识资源。要有意识地引导孩子观察和积累素材，进而使其在写作时思路开阔、有感而发。当孩子感到有话可写时，他(她)就会体会到写作的乐趣，当孩子充分玩够，再回到课堂上时，就少了许多厌烦，多了些许愉悦，这样，心理上的疲劳症状也会相对减轻甚至消失。

曙光语录

◎ 玩是为了更好地学习。

◎ 疲劳状态下学习反而会产生负面的效果。

◎ “玩”只是暂时不学功课的内容，转去学其他东西了嘛！

十四、18岁之前，别住校

通常情况下，一个每天能回家的孩子，都知道到家后有热饭吃，妈妈亲手做的饭菜，爸爸、妈妈在饭桌上和孩子聊天，谈谈新闻，说说今天的趣事。这些本来就应该伴随孩子温暖的一生，编织着有关童年和少年时期完整的家庭之爱。

我从13岁(高中)就开始住校，一直到大学毕业。对那时小小的我来说，能够回忆起的感受就是特别想家，比任何时候都想家。

一个尚在青春期的孩子，心智不够成熟，内心还有点小小的忐忑与胆怯，很想勇敢一点，却又眷恋父母的庇护。

那是想出走又渴求安全感的年龄。

很多人和我说，让孩子离开家住校，能够锻炼孩子的团队意识，也能锻炼他独立生活的能力。

但是以我的经验，以及我所相信的宇宙大同论——宇宙都是统一，过于违背自然规律和宇宙法则是不合适的。

试想，在自然界里，没有任何哺乳动物是在孩子还不能完全生活自理的时候就被要求脱离父母独自生存的。那么作为人类的我们，为什么要这样做呢?

先不说高中住校的例子，我知道在国内有很多上班族，家里没有老人帮带孩子，或者父母特别忙碌，天天早出晚归的，干脆就把尚且年幼的孩子送到住宿制幼儿园，给孩子内心带来更大的孤独感和恐惧感。

我们都知道，再好的老师、再好的幼儿园及学校管理，都替代不了父母的责任和家庭的呵护。

从心理学角度来说，过早离开父母的孩子，心理上容易有孤独感，长期不在父母身边长大的孩子，缺乏一个可以模仿的好榜样——从这个角度说，父母的身教是很重要的。

在学校里，或者说在住宿制幼儿园里，孩子接触和交往最多的就是同学，至于孩子和孩子之间，我就不知道会互相模仿些什么了。一旦住校之后，这些“天伦之乐”被慢慢淡化了。下课后流水线一样地生活，刻板地、毫无温暖感地就餐入睡。孩子的性格与习惯很容易被不同素质的同学所影响，家长看不到，也无法进行及时地纠正。

一些孩子也把住宿当作是一种特别的自由，好似摆脱了父母的监督和约束，一切可以自己做主了。而是非观和价值观尚不成熟的孩子们，哪里能够自己为自己做主？更别说那些应该由父母来培养的生活能力了。

在美国也有很多住校生，这些孩子还在十五六岁就暴露出各种问题来，例如有犯罪倾向、性格缺陷等。

但是如果孩子过了18岁，按照自然界的规律来说，就是小动物成年了，能够完全独立和自理生活了，也就是到了它们可以脱离父母，独自外出生活的时候了。到那个时候动物父母都会和孩子们分开。

18岁之后，也就是上了大学之后的住校，我觉得是有必要的，对孩子也有益处。当然，我也不反对我的女儿和我一起生活到22岁。

曙光语录

◎ 人类家庭的组成是几千年的产物，自然有其合理性和必然性。

◎ 18岁是个分水岭，让具有依赖性或者人生观尚未定型的孩子离开父母，是个冒险的举动。

◎ 孩子迟早要离开父母，好好珍惜相聚时光，享受天伦之乐吧！

第三章

父亲的希望之灯

一、导语

身为拥有自己丰盛事业与财富的企业家，我从来没有考虑过让孩子来接替我的位子。

我只考虑一个问题，就是如何让我的孩子超越我，这是我为孩子定的第一目标。我相信我给孩子创造的环境比我父母给我的环境要强，生活条件要好，所能接触的知识领域要多。只有孩子超越了自己，从家族而言，从社会而言才能不断向前发展。但很多人没有办法做到，这就是为什么中国会出现“富不过三代”这样的情况。

我们需要的不是“富二代”，我们需要的是真正的贵族。而打造贵族的过程任重道远。

培养一个贵族，不是简单的财富积累和简单的学习成绩，还需要各种修养、各种价值观的形成过程。

而“家族荣誉感”是最主要的核心；“德育培养”则是重中之重。如果你希望你的孩子能够超越你，那么他们必然要有正确的“家族荣誉感”，具备良好的品德和个人素质。

“你30岁之前，家人能不能受人尊重，主要是看我的为人；你30岁之后，家人能不能受人尊重，主要是看你的为人。”这是我的父亲对我说过的话。

现在，我将这样的话，说给我的孩子们听。

本章里，我身为“富豪父亲”，家族的“基业长青”是我的理想，在“富一代”与“富二代”交替的时代中，我邀请你，和我一起探索如何为自己的孩子以及自己的家庭甚至家族打造一条通往“贵族”之路。

二、命和运

“投胎是一门技术活。”这是网络上流传的笑话。这话是没错，但谁能决定自己出生的命运呢？哪位父母不希望自己的孩子能有“爱因斯坦”的智商，又有哪个孩子不希望投胎到像比尔·盖茨一样富有的家庭呢？

曾有一位荷兰年轻人，将自己的父母告上了法庭，理由是他父母没有经过他的同意就将他生了出来。这条新闻虽然只能当笑话来看，但其背后隐含着来自现代孩子的抱怨：“作为父母，为什么不能把我教育好，让我活得有尊严，并热爱这个世界？”

为什么要孩子？很多人觉得我应该是一个经过深思熟虑才会生孩子的人，但事实上，我不曾考虑过，只认为是时候应该有个孩子了。

但很多人会说，我女儿Ashley和儿子Brian的命很好，因为他们有这样一个有钱的父亲。我想说的是，孩子的“命”没有办法改变，也没有好坏之说，而“运”是孩子后天通过自己的努力可以改变的，命给你的条件不一样，你所获得的机会也不一样。“命”和“运”结合起来，就给每个孩子带来“独特”的人生。

须知人的“命”不能拿金钱和地位去衡量——很多人思想狭隘地把特权和金钱还有职位的高高在上看成了“命”。

比如这几年国内时常有违法官员被处罚，那么他们的孩子原来可能“命很好”，却因为父母的“落马”而从天堂掉到了地狱，你说这种“命”到底是好还是不好呢？

所以无论是身为普通家庭的孩子，还是市长的儿子、富翁的女儿，并不能因家境或者父母的身份来说明哪个好哪个坏。

世界上是否有灵魂？当然了，我们是唯物主义者，但我们暂且借用一下人有“命”和“运”之说。在父母与孩子都没有办法选择彼此的情况下，我的孩子来到了我的家庭，这是他们的“命”，而孩子的“运”则是由父母与孩子共同创造的。

（一）每个人的“命”都是独一无二的

每个孩子出生后，不管先天条件如何，父母都应该努力在自有条件下，将孩子后天的“运”发挥到最大。

而如何将孩子的“运”发挥到最大，就需要通过平常的修行，灌输正确的理念和价值观，然后通过后天的努力，打造好的命运。

对Ashley来说，她的“命”算是好的还是不好的，我不知道。

她的朋友中，有人的父母可能比我有钱，有人也可能没我有钱；其中可能有人家境不好，生活却可能比我们更轻松；有人的父母可能在教育上给孩子压力更大，要超过Ashley承受的压力，要他们赚更多的钱。所以不同的父母不同的家庭环境，会给孩子带来不同的命。这也说明，家境和父母的职位，决定不了孩子未来的“运”。

Ashley和Brian的家庭条件显然比我那时候好，我努力打拼也是为了能给孩子做一个榜样(人生不是混日子)，能够给孩子提供一些额外的资源，让孩子们能够达到更高的奋斗目标。但我不觉得他们有什么理由不好好学习，有什么理由完全指望依靠我的人脉关系和财富来走捷径。他们一样需要为自己的目标不断努力和进步。即使我为他们准备大量的财富，也不过是帮助他们走得更好、进步得更快。简单点说，我不过是比一般父母多点资本而已：对我的孩子来说，我无非是个不错的爸爸，能帮他们铺一条更宽阔的路，但是如果不能培养他们也能够走小路的能力，一旦他们没有大路可走，将来就会很痛苦，甚至崩溃。除此之外，这路怎么走，走得好不好，最终还是要靠他们自己。

(二)现代孩子的医疗条件好，物质条件好，并不能代表他们的综合成长条件一定超过我们

他们所面临的竞争和压力比我们那时要大很多，虽然在美国可能好一些，但在国内，来自社会的压力会很大。

我恰恰希望我的孩子们能去承受这样的压力——充分利用已有的条件，做自己最大限度能做的事，获得自己能获得的最大的成功。

在美国，就有一位名叫John Poppe的人，他是个肢体残疾人，天生缺少两只手，但是在他的五个兄弟姐妹中，却是最成功的孩子。他曾经说："妈妈生下我的时候，上帝就给了我现在的身体条件，我应该把这些条件用好。"

我希望孩子们能够从这个例子里明白一个道理：今天父母给了我两只手两只脚，我就要用好它，如果父母没有给我两只手，我照样可以把两只脚用好，这是人对"命"应有的积极心态。

➡ TIPS

父母最该给孩子什么?

每个父母都应当让孩子从小就知道，自己所拥有的财富由两部分构成：一部分是父母自身所拥有的东西(知识、财产等)，另一部分则是父母所应该给予孩子的，比如教育。

因此，我身边如果有年轻人以自己父母太穷、没文化或者其他任何原因为由而不争气、不求上进，我会很看不起他。是的，我们无法选择自己的出身，但是却可以选择自己的目标——考进一所名牌大学，进入一家大公司身居要职，甚至拥有自己的公司。

无论父母给孩子的是什么，家庭环境也好，身份、财富也好，这些都是一个家庭所共有的"资产"。中国历来就强调"家族荣誉感"：历代皇帝嘉赏官员和

惩罚官员，其子女都会受到厚待或牵连。在西方同样如此，家族式的发展路径已经被认为是推动人类发展的途径之一。如果一个孩子不能以自己的家族为自豪，那么他就不会为自己的家而努力拼搏。

我还告诉Ashley："你不仅要和爸爸关系好，也要重视和叔叔、阿姨们的关系。这是一种礼貌和礼仪。即使从自私的角度去想，因为你要实现的目标，光靠个人的力量是不够的。当你踏上政坛，想要帮助更多的人，哪怕是做慈善时，第一个把钱捐给你的必然是这些叔叔、阿姨们。这是你的命，是这个家给你带来的独特能力和资本，能让你轻松而迅速地实现自己的伟大抱负。"所以当所有的事情做好了之后，结果都是双赢的。很多年轻人有一种狭隘的想法，觉得要求他们做事，就好像是害了他们一样，这样的孩子基本上不会有什么出息。

这个能力和资本，就是"人脉关系"。这是爸爸多年累积的资源，是爸爸传承给孩子最宝贵的礼物。作为我的孩子，应该为自己拥有这样的好命和好运而庆幸，同时，学会最大限度地利用这个家庭带给自己的运，在学业和事业上，获得双赢。

曙光语录

◎ 父亲为了孩子而完善自己，孩子因父亲的完美而成长，这样的良性循环是父亲与子女命运的最佳诠释。

◎ 家境再好也不能成为孩子偷懒的理由，路始终在他们的脚下。

◎ 家庭、父母是无法选择的，但是投身什么样的人生，用什么态度面对生活，却是别人所无法替代来做决定的。

三、我为什么希望孩子将来从政

对于我选择让孩子成为政治家的理由，很多人都表示不解：你是否真的那么伟大，怀揣着那么高尚的动机？包括我的妻子也并不特别赞同，认为“孩子只要能过得开心就好了”。我对她说：孩子开心也是一生，不开心也是一生。但最后世人能不能记得她，她自己过得是否有意义，并不取决于过得开不开心，而是在于对这个社会她究竟做出过什么贡献。我希望每一代人都有值得延续的东西传承后世。

我曾经希望孩子能够像我一样从商，做一名企业家，哪怕不一定要继承我的事业。后来一幅画引发了我的思考，使我改变了想法，最终希望孩子们未来能够成为优秀的政治家。

Ashley的外曾祖父李鸿章

那年春节，我带着孩子去看望我夫人的三姑妈，恰巧遇见了她的堂哥Tommy。Tommy告诉我，他最近收藏了一幅画，出自一名德国画师之手，表现的是当年李鸿章在甲午战争后独自赴日本谈判的场景。让我惊讶的是，画中的李鸿章右臂上还缠着厚厚的白色纱布。

这个老人，当年带着四亿人的耻辱，被迫只身来到日本进行谈判。关于谈判的后果，他并不是不清楚。所谓“弱国无外交”，更何况中国当时处于战败国的角色。但他背着国耻，背着被国人唾弃的千年骂名，忍着身体的伤痛，坚持坐上了谈判桌。在《马关条约》以及清政府末年种种丧权辱国条约的谈判上，这个老人可谓呕心沥血。如果没有他当年的委曲求全，中国很可能早已被列强割据；如果没有他当初的据理力争，香港可能直接被割据，而不是仅以“租赁”的形式写入条约。

至少，他的努力让一个已经腐朽的中国仍然是完整的。即便如此，没有人感谢这位政治家所做出的努力，只会骂他是卖国贼。中国的战败，责任却被推到一两个人身上，这是非常不公平的！

后来在美国，我看到一些政治家为了拉选票，不惜投入大量资金，肆意挥霍老百姓缴纳的税金，甚至把下一代的钱都消耗殆尽。对这种行径，我感到深恶痛绝。

为此，我曾语重心长地对Ashley说：“你要向你外曾祖父(李鸿章是我妻子的曾祖父)学习。”当时我的儿子和女儿分别只有8岁和13岁，从那时起我就开始刻意引导他们往政治家的道路发展。

也许有人会认为我把自己的想法强加给了孩子，希望孩子为我实现梦想。其实不然，从政的想法并非异想天开，也并非完全出自我的个人意愿，因为我从Ashley的性格及爱好上发现了她的梦想就是帮助别人。

Ashley最初的职业理想，是成为一名护士，她的理由是护士能照顾病人。我听听笑笑，并没有反对。几年后，她又想做医生了，觉得做医生能治疗病人，救更多人。女儿能有这样一个崇高的理想是件很棒的事。后来当她渐渐熟悉我的工作后，还曾提出过以后要帮爸爸管理公司。

她善良的性格和乐于助人的心，让我觉得很棒也很感动。曾经有个科学家做过一个统计，遭遇困难时99%的人想到的是保护自己。但一旦一个人拥有颗愿意助人的心，他就会比任何人都感到幸福，这样的人生具有真正的意义。

由此，我和Ashley聊天的时候对她说过前人的一段话：“如果想开心一小时，那么就睡个小觉；如果想开心一整天，就去钓次鱼；如果想开心一个月，那就去结婚、度蜜月；如果想开心一年，那就去继承财富；如果想开心一辈子，就要学着如何去帮助别人。”

做政治家能帮助更多的人。真正伟大的政治家，为社会和国家所带来的贡献，给人类和地球所提供的发展，将会远远地超过任何一个企业家。更重要的是，一位优秀的政治家能影响一代人的思维，帮助他们找到自己的梦想与目标。

而对个人来说，要成为政治家，要求是相当高的：他所做的很多事情都被放到了放大镜下，如果心理素质不够强，或者个人修养和知识水平不够充足，在强大的压力下会非常容易崩溃。这也正是我对Ashley从小就特别严厉、要求特别苛刻的原因。

帮孩子铺就通向目标的道路

虽然Ashley最初对成为一名政治家没有太大的感觉，但后来在我潜移默化的教育和不断传导相关信息后，她逐渐认可了这个目标。但她的从政梦想是这样的：希望弟弟能做总统，她自己能做个参议员。

随后自13岁起，她突然长大了，自发地提高了对自己的要求。她对我说现在她和我的想法是一致的，我们有着共同的目标。也是自那以后，我与女儿的沟通变得更加畅通而愉快了。

我们都认为这个目标不只是一种美好的愿望。我也已经在为帮助她实现这样的目标而努力：在美国从政需要大量的资金支持，我现在努力工作，就是为了有尽可能多的资金和能力帮孩子铺路，当他们选举需要资金支持的时候，我能够提供足够的后援。

我已经和加州参议员朋友商量好了，计划在Ashley16岁的时候，送她到加州做年轻参议员实习生，协助参议员工作，参加社区建设，听取社区意见，阅读立法报告，参与召集会议、听证工作等，这些锻炼需要三个月。我希望她每个学期都去。

她现在在社区里最热衷做的就是保护小动物，后来她又去做义教，我很高兴。

最后我想强调一下，目标应当是父母和孩子一起制定的，而不是父母强势地要求子女必须建立某个目标，孩子和父母在目标建立上难免有所差别。假设Ashley不愿意从政，我也不会强迫她，如果她有自己的想法和目标，只要是可行的、好的目标，我同样会支持她。即使不从政，这些锻炼对于她以后成为优秀的人都是不可多得的。

同时，父母和孩子一起制定目标时还要考虑可行性问题，并不是大家共同的决定就什么都好了。父母肩膀上的任务很重，需要用大量财力和人力来帮助自己的孩子去实现目标。

一个成熟的父亲(或者母亲)在陪伴孩子的路途中，应当替孩子考虑到未来可能出现的困难，以及这些困难是否能共同逾越。如果不能，那么请适当调整目标，不然一切都是空谈。只有选对通向目标的道路，奇迹才会降临，梦想才会闪光。

曙光语录

◎ 孩子的心愿+自己的经验=孩子的志向——我对孩子的将来不独断专行。

◎ 在我看来，从政是最有效的助人途径。

四、男孩女孩一样养

我有一个儿子、一个女儿。因此不少朋友常常问我：在孩子成长的过程中，有没有因为孩子的性别差异而对他们产生不同的要求？会不会因为是儿子而特别地费心，花更多的心思培养和教育他？

从来富贵多淑女，自古纨绔少伟男，因此“穷养儿子富养女”成为民间一句古训，意思是对待儿子的穷养，是对儿子一生的投资，能够磨炼其坚强的性格；对女儿的富养，是对女儿进行文化修养上的投资，能够培养其气质与品位。

话虽如此，但实际操作起来会非常难，尤其像我家这样有一男一女两个孩子的家庭。父母如果采取区别对待，对孩子的心灵将造成很大的影响。

我觉得中国的部分父母之所以会因为性别不同而进行区别教育，从根本上来说是受传统观念“男尊女卑”的影响。而在现代社会，女性有机会接受高等教育(有研究数据显示，女性平均智商比男性更高一些)，有独立的经济地位，同时在很多领域的表现都不逊色于男性。更重要的是，今天在国家和企业的总统、总裁等职位上已经涌现出大量的女性——“男尊女卑”的时代已经过去。所以对男孩、女孩的不同教育法，如今已经不适用了。

从Brian还很小的时候开始，只要是和我们一起出门旅行，他的行李箱基本上都是自己拉的，我和他妈妈不会因为他年龄小而特别娇惯他。同样的，对于女儿Ashley，我的要求也一直非常严格。

日常生活中，我一直把Ashley和Brian作为一个团队来管理和培养，Ashley平时会被要求担任弟弟的教练和主管，但如果她不能负起责任来，就会受到警告，一旦警告超过两次，她的职位就会被撤换，改由弟弟Brian做主管。

国内的朋友们知道这些事后都觉得很吃惊。其实在我看来，女孩和男孩都承担着相同的社会责任，作为家长，应该培养他们具备自信、自强、自立、负责等优秀品质，帮助他们成为一个对家庭、对社会都有价值的人。而无论男孩、女孩都应该具备这些品质。因此在我的家庭里，儿子和女儿是一样的，我对他们的期望和要求也都是一样的，不会因为性别是男孩或女孩而区别对待。

作为他们的爸爸，我唯一的要求是希望“姐姐要照顾好弟弟，弟弟要勇敢，将来保护好姐姐”。我给他们传递的同一希望是：姐姐和弟弟一定要互相照顾、互相依赖，在将来的岁月里，两个人是最亲的亲人。

➡“男女平等”教育法则

1.提供公平、透明且开放的环境，选择在两个孩子都在场的情况下进行教育。

我对孩子们一视同仁，经常召开家庭会议。如果我在外地，我们就开家庭电话会议，会议时我们全家人都必须在线，我和Ashley沟通的时候Brian在旁边听，我和Brian沟通的时候Ashley在旁边听，讨论问题时两个孩子都得提出自己的看法与想法。只有在一种情况下例外——就是当我和其中一个孩子讨论自己的学校作业时，另一个孩子可以不用在场。

2.两个孩子参加几乎相同的兴趣班。

兴趣是需要孩子自己去培养的。每个孩子在成长过程中可以有自己偏爱或者突出的兴趣专长，但其兴趣点依旧需要涵盖传统上我们常说的“琴棋书画”。

我让女儿报名的兴趣班，让儿子也去学习。参加兴趣班不是为了获得荣誉或者未来成为名家，而是为了培养他们的气质和修养。

孩子们参加的兴趣班中，唯一的区别是芭蕾课是女儿参加，童子军班则是儿子去参加。

3.避免孩子相互告状。

在企业里，我喜欢透明的管理和人际关系，强调凡事没有隔夜仇，遇到问题就一起解决，而不是互相指责、埋怨。我不允许没事打小报告的现象出现在我的公司里。我的员工都非常认可这种透明。

我从小就最痛恨“两面派”。

因此对我的两个孩子，我也要求他们不准相互告状。如果对对方有意见，可以一起坐下来当面谈。如果Brian到我面前来说Ashley的不是，那我会让Ashley一起来听听Brian的想法，让两个人直言不讳地共同解决问题。

➡ TIPS

孩子告状是心理发展的欠缺

心理专家认为，孩子喜欢告状的行为，实际上是他们社会化不足的表现，通俗的说法是“没长大”。

一、不管别人做了什么事，是对他不利的还是与他毫无关系的，只要他看不惯，认为违反了社会规范，就不能给予理解，更不能包容，频繁地指责，习惯性地向上反映，直到他看不见这种事再发生。

二、由于打小报告的行为不被大多数同龄人所认可，严重影响了当事人与他人的社会交往，所以当事人没有同龄朋友。

三、看不到好处就不主动帮助别人，非常讲究眼前的“实惠”，不能吃亏。他们比较自私，缺乏同情心和奉献精神，从不会做无名英雄。

四、如果做了什么不好的事，若是没有被人发现，就不会感到后悔或难过，很少有内疚和自责的心理体验。

五、对朋友淡漠，很少关心朋友的冷暖，不能分享朋友的幸福和快乐，对朋友的成功不能主动祝贺，嫉妒心很重。

在第一条至第五条当中，只要任何一条比较突出，都可以认为是社会化不足而产生的问题。

人的社会化经验是在参与了大量的社会交往活动之后，一点一点丰富起来的。社会化不足，在幼儿园儿童、小学生中非常多见，女孩明显多于男孩。随着年龄的增长，同龄人之间的相互交流，社会化的认识逐渐增多，到初中、高中时，社会化不足的问题会越来越少，成年时往往已经不成为问题了(但这并不排除成年人存在其他形式的社会化不足问题)。社会化不足是从童年时逐步发展，并被不断强化，最后固定下来的一种心理行为，与成长环境紧密相关。儿童、青少年应多与同龄人交往，家长要教育他们有同情心，理解、包容他人，学会处理与朋友间发生的矛盾，不要依赖他人或告状。

除此之外，重要的是学会直接面对问题，自己去解决，而不是将问题推给父母。当孩子的能力无法解决时，父母可以协助孩子去解决，给他做个好榜样。

曙光语录

◎ 和“重男轻女”一样，无视性别差异也是一种偏激的教育理念。不要绝对地否认性别差异的存在，至少我们可以由此发挥孩子们的性别优势。

◎ 公开、公平、公正，不仅适用于企业管理，同样适用于养儿育女。

五、家庭会议：跨越代沟，连接心灵

也只有在离开公司和工作的夜晚，我才能戴起“父亲”的帽子，为孩子们做点什么。我一直觉得自己工作过于忙碌，而且总是不在家，对孩子们难免有些小小的亏欠感。因此只要在家，我一定要和全家人一起吃个饭，通过交谈的机会来了解每个人的情况，尤其是了解我的孩子们都在想什么、需要什么，也可以看看自己能为孩子们做点什么。

➡ 家庭会议是国际流行的家庭教育方式

它被教育专家们认定为是促进父母与孩子沟通的最有效的途径，为父母提供了孩子成长的真实数据。

犹太人的安息日是希望通过一定的仪式约束，让人们在工作之后好好地放松休息，让一家人能有机会团聚在一起，相互交流，因此在安息日这一天一切创造性活动都是被禁止的。

我曾参加过一个犹太家庭的周五安息日活动，晚餐很早就已经准备好了，但是主人和客人就座后，必须先进行犹太人每日的祷告活动。祷告结束后，在座的所有人开始轮流谈谈自己一周的感受与心得，这样的交流活动差不多持续三个小时，等正式开饭时，已经快晚上八九点了。

这样的一次体验让我产生了这样的感受：安息日不仅仅是犹太人的休息日或者祷告日，更重要的是，他们借此机会对上一周进行总结，对下一周进行展望。这是犹太人“TURNING POINT”（转折点）的信念——每个星期的新开始对犹太人来说，都是一个重要的转折点。

虽然我并不是犹太人，但我觉得这样的形式非常值得借鉴，因为这展现了一种积极的人生态度。在那以后，我便将“安息日”活动引入实际生活中，演变成了“家庭交流”形式。

其实，年年月月持续保持下来的家庭交流，不仅能够促使父母再忙碌也和孩子坐在一起团聚，更为孩子从小打造出一个温馨的家庭氛围——我们是一家人，每个人都是最关键的、不可或缺的一分子，任何问题或困难都能与家人畅所欲言。

➡ 为孩子们打造沟通愉快的大环境

早在20世纪90年代中期，中国的教育部门就提倡父母摒弃“棍棒教育”，而改用“家庭会议”。但是由于大部分家庭缺乏会议的组织能力，或者父母缺乏坚持的毅力，会议制度常常无疾而终。

在我家，虽然我这样的父亲确实比较强势(孩子看到我甚至有些小怕)，但我一直展现出希望与孩子们沟通的姿态，让他们敢于对着我畅所欲言，而不是担心会受到责备。问题一旦提出，大家就一起讨论以互相帮助，直至找到解决问题和困惑的方法。

这一习惯的养成逐步形成了我们家每天家庭交流时间的“制度”。

我要求每天晚饭时间，只要没有人在外出差或者学习，所有人就都必须坐到一起就餐，在饭桌上聊聊一天的学习和工作，总结发生过的事情，同时对明天的工作进行展望。

而一到周末，除了家里人在一起团聚外，有时我和太太也会举行一些比较大规模的家庭活动(比如邀请朋友来我家吃饭)。让孩子们有放松的时间，并接触到更多的人，了解到更多的社会信息。

无论是这样的小型聚会活动还是亲朋好友的聚餐，如果孩子们希望参与大人的话题，那么我也会欢迎他们加入大圆桌，但前提是他们只准听不准出声。

虽然他们不一定能听懂大人的话题，但通过思考和感受，他们的思维也能得到一定的激发。

➡ 电话让家庭交流随时都能发生

当我在外地出差的时候，我们家每天的家庭交流时间都未曾被打破过，我觉得不能因为我的出差而破了规矩，如果破了，孩子将来任何已经定好的规矩都有可能因某些突发事件而被打破。

比如说我在上海的时候，每天中午的12点到下午1点就是我的家庭交流时间，这个时间正好是美国晚上9点，交流方式改由通过电话和网络的形式进行，每次交流时间我基本控制在20~30分钟，极个别的时候会超过1小时。此时全家人都被要求在电话线上，电话中被提及的所有内容，每个人都要认真听，并且谈谈自己的感受。即使涉及个人问题，其他人也可以旁听了解，因为我们是一家人，没有什么秘密可言。

这种沟通方式在我们家已经保持了四年。

很多人会有这样的疑惑——哪有那么多话题可聊？你有那么多东西可以和孩子聊吗？我说是的。对于父母来说，话题是可以找出来的，但绝对不是没话找话。

在我们家，每日的话题，都是当天孩子们发给我的信笺内容，有时也会使用我发给他们的邮件内容。

➡ TIPS

现代家庭会议流程

一、直接沟通，畅所欲言

我们平时很难和孩子表达自己的情感。通过会议，让所有人能坐下来有话大家说。

二、平等讨论，交换意见

让孩子们享有充分的发言权，让他们无所顾忌地提出对父母和家庭的意见。父母也可以提意见，纠正孩子的问题，也可以让孩子参与自己的工作和生活上的讨论。

三、解决问题，计划目标

每个会议都应有一个决议或者结果，不仅总结过去，同时也对未来的工作、学习和生活目标进行计划，哪怕是简单的家务劳动。

曙光语录

◎"家庭会议"作为一种固定的交流形式，经事实验证具有很好的沟通效果。

◎制度化的"家庭会议"，是营造良好家庭氛围的独门法宝。

六、骨子里的“家族荣誉感”

在国外，很多家族类似中国1949年前的大户人家，都会有自己的家训。有些家族还会有象征家族的徽章、祖传之物等用以纪念家族荣耀的物品。这些家族中的孩子从小到大都被灌输着“人必须要有家族荣誉感”的意识，被教育一生都必须为捍卫家族荣誉而努力奋斗。

在这种环境中成长起来的孩子，不仅有强烈的家族荣誉感，也会拥有团队荣誉感和个人荣誉感，他们有明确的目标和道德准绳，让他们扬善避恶，并且具备一切优秀的品质：诚实、乐观、积极向上、有头脑、有能力、充满责任感……

“你30岁之前，家人能不能受人尊重，主要是看我的为人；你30岁之后，家人能不能受人尊重，主要是看你的为人。”这是父亲对我说过的话。

他也许没想到，这段话从此深深地印在我的脑海里。我知道他的意思，他要表达的是一个非常简单的道理，就是——一个人要有“家族荣誉感”——一个人的失败不光是自己的失败，更是一个家族的失败。

换到教育上，可以理解成：一个孩子的失败不仅是他自己的失败，也是他父母的失败。家族荣誉感是孩子激发自己潜力的原动力。

家族荣誉感的现代定义

家族荣誉感的存在，能影响到一个人的行为方式，决定一个人的价值观。几千年来，无论是百年老字号，还是千年老店，中国的家族企业家们无不延续着子承父业、光宗耀祖的传奇故事。

家族荣誉感集中了上一代企业家的期冀与企盼、信念与心血，是家族企业得以不断强大的根本动力。

这种荣誉感几乎要贯穿人的一生，仿佛是一种永远放不下的负担，这就是人与动物的本质区别——你来到这世界不只是为自己而活，你是有使命的。我一直觉得，人如果缺少“荣誉感”的话，就很容易失去上进心、丧失真正前进的动力。他即使服从家长的要求，也只是为了应付家里而已。

我一直提倡大家用“境教”的方法教育孩子，但同样很重要的是，一定要让被教育者明白，父母为什么要教育他。只有当孩子有了被教育的自觉性和成才的主动性，教育才能发挥作用。而这个道理其实就来自个人的“荣誉感”。

➡ 孩子不仅属于孩子自己，更属于他的父母和社会

Ashley有时会觉得自己的人生如果就这样安安稳稳、平平凡凡、轻轻松松地过也挺好的。她觉得要怎么样过、怎么样发展是她自己的事，这是她自己的生活，她都无所谓，做父母的更不必操那么多的心。

但我不允许她有这种想法。

我告诉她：虽然你自己无所谓，但你会影响到爸爸的生活。人家都说爸爸很会教育孩子，很会当领导，很会带人，但如果连自己的女儿都教育不好、变得很没出息，那这个爸爸算是失败还是成功？爸爸有爸爸的使命，而你也有你的使命——你的使命是成长为对社会有贡献的人，而爸爸的使命是让我的员工、我的孩子不断努力，通过奋力拼搏来感受到生活的美好，同时也以此获得一个美好的发展前景。

大多数成年人，甚至孩子，都不愿意因为自己而连累甚至伤害到他人，尤其当这个人是他的亲人。我这样跟Ashley一解释，她立刻感受到了压力。她开始意识到自己并不是一个人，而是来自一个家庭，这个家庭抚育了她，她必须

有维护并延续这个家庭的荣誉的使命感。

我自己从小到大都有这样的使命感，这种代代相传的家族荣誉感。我不知道现在在国内，是不是还有许多人、许多家庭重视并发扬着这种荣誉感。

今日的中国，随着生育率的下降，孩子越来越少，家族的纽带关系渐渐变得松散，人与人之间、亲戚与亲戚之间的关系也逐渐疏远，每个孩子对一个家庭来说都非常珍贵，可以说是来之不易的“礼物”，大人们恨不得把一切都交给孩子，将孩子当成家族的中心……如此下去，势必导致孩子变得越来越自私、自我，长大非但不会为自己的父母着想，更不会替整个家族而奋斗。

关注和培养孩子内心的荣誉感

现代父母不仅要在学校课程及兴趣爱好方面培育孩子，更需要从小在孩子的内心建立家族荣誉感——对身为企业家的父母来说这点尤其重要。这种荣誉感的创建和巩固虽不是朝夕之事，但通过漫长岁月中的不断沟通和暗示，是可以在孩子的心底打下深刻烙印的。

荣誉感的建立，可以先从个人荣誉感的强化出发，让孩子懂得人的一生总要为捍卫自己和自己家族的一切而努力学习、奋斗。父母也要学会给予孩子适当的压力。这种压力可以来自家族或者亲人的荣誉感，也可以来自个人荣誉感或者其他刺激因素。只有有压力才会产生动力，鞭策孩子不断成长，自觉成才。在这种压力下，孩子才会成长为有自尊、有爱心、肯为他人着想、懂得维护自己和自己家族利益、有责任心的人。

一个屡受挫折，从来得不到荣誉体验，得不到老师、家长的鼓励及激励的人，他(她)的心灵会渐渐麻木，荣誉感也会渐渐消减。我们都能感觉到，越小的孩子，荣誉感越强，可是随着年龄的增加，如果在他(她)成长的过程中，成功体验不足，荣誉感得不到强化，日子一长，孩子内心的荣誉感就渐渐淡薄下来了。所以，平时我们更要有意识地保护孩子的好胜心，持续地强化他们的荣誉感。

一个内心充满荣誉感的孩子，往往会有如下明显表现：

1.在学校里非常积极，学习上很勤奋。比如争创三好学生，全班排名靠前。一旦受到家长、老师的鼓励，会更加勤奋。

2.对自己有严格的要求，遵守纪律，尊敬师长，团结同学。

曙光语录

◎“家族荣誉感”的前提是个人荣誉感，“家族荣誉感”的延展是责任心与团队精神——这些都是人们要奋发图强、积极向上不可或缺的优良品质。

◎人之初，性本善。为人父母当充分保护孩子的天性，用鼓励、赞赏来造就孩子人格上的健全。

七、美德高于一切

英国前首相玛格丽特·撒切尔夫人说过："使人幸福的是美德而非金钱，这是我的经验之谈。在患难中支持我的，是美德；使我不曾自杀的，除了艺术之外，也是美德。"

美国著名的政治家乔治·德里也曾说："使美国强大的不是强权与实力，而是上帝赐予的美德，假如我们丢失了最根本而有用的美德，导弹和美元也不能使我们摆脱毁灭的命运。"

更有一本书在美国流传百年，叫《美德书》，这本书已被翻译成中文，旨在帮助今天的孩子建立应有的道德观。

还有，在美国有一所乔治城大学(Georgetown College)，这所学校培养过非常多的CEO和国家领导人。该大学的校长表示乔治城大学之所以能培养出这些知名人士，是因为他们是美国所有大学中最注重孩子德育培养的学校。

对孩子的培养不仅要提升他内在的智商和能力，养成良好的礼貌、礼仪、修养以及正确的道德观对孩子来说也同样重要。因此我一直把道德教育作为重中之重。德育是一个人综合素质的体现：孩子的性格、习惯、责任心、兴趣、荣誉感、对家庭的责任感、个人抱负都能从德育中看出来。

在美国，德育不仅是在课堂上照本宣科的说教，还会有很生动的电影、实例来让孩子身临其境地体会到什么是好的，什么是不好的。老师还会结合时事新闻来给孩子讲解分析，从小培养孩子正确的人生观和道德观，明辨是非。

➡ 德育教育第一项：Part One——情景现场说法

你永远不会知道你的孩子可能在未来的哪一天被哪一件事而影响，因此而改变他的人生观与价值观。在信息如此发达的今天，任何一则新闻、一个故事都能成为父母对孩子德育培养的导火线。

有一次，Ashley和我说她最近要写一篇演讲稿，但却不知道该写什么话。我就给了她一个命题，就是："人民币到底该升值还是贬值？"她一看，就抗议说："No，这是政治命题！"我说："宝贝，这哪是政治，这切实影响到美国人和中国人的生活，明明是有关经济学的命题。当然有很多重要的经济学问题的确会上升成政治问题，所以爸爸希望你未来做个政治家而不是企业家。"

我接着问她："那你自己想写什么？"她回答说："我要讲一个Life Changing Story(人生转折的故事)。"我很惊讶："你有这样的经验吗？你的人生至今还很美好，还没经历过人生转折。除非你编造一个故事，但你要知道，编造的故事很难写得很感人。"

随后她给我看了一段YouTube上的视频——是关于一个小有名气的精神科医生的。讲的是有份报纸要采访这名医生，他因为太忙而拒绝了。但过了不久，他发现自己患上了癌症，并且只有六个月的生命。此后，他变得情绪非常低落，病人来找他看病他经常消极对待、虐待病人：有个病人因为怕黑来找他咨询，他却故意把人家关在关了灯的黑屋子里，把病人吓得要死。可结果出人意料的是，病人经过这一折腾，反而病好了。

如此炮制很多次后，很多被治好的病人纷纷写信感谢他。当报社再次要求采访他的时候，他立刻答应了。

看完这个故事后，我非常不高兴，甚至有些愤怒。我问她这是谁给她的视频。她说是演讲小组的伙伴转发给她的。我问她："你从中学到了什么？你希望向这个医生学习吗？这个医生应该被枪毙！因为任何一个职业都有职业道德和标准，作为医生不管自己当下是什么状态，消极还是乐观，但是在工作岗位上必须有自己的医德。即便阴差阳错取得了好的结果，也并不代表这一手段是可取的。要知道，手段和结果一样重要。”

Ashley被我这么一训斥，感觉非常郁闷。对此她还狡辩说：“那个医生知道自己患了癌症，我能理解他。”我告诉她：“OK，你理解他，并不代表他是正确的，不代表你可以容忍他。如果大众能够容忍这样的人，那么社会秩序就会彻底崩溃。得了癌症，就意味着可以虐待病人吗？难道因为也许你明天可以变好我就可以揍你一顿吗？”

由此可见，一般孩子出现类似的价值观误区，如果不及时沟通，作为父母是很难及时发现并纠正过来的。

我和女儿也是通过耐心、详尽、细致的沟通，才知道出现这个价值观误区的主因是Ashley还不能够明白什么是“专业”和职业道德。她会觉得这个故事挺有意思，甚至觉得这是个励志的故事，却不知道故事里的这个医生，其实严重缺乏医德。

现今社会类似的新闻非常多——矛头全都指向某社会性事件，误导价值观尚不稳定的孩子。在国内，最典型的就属2007年闹得轰轰烈烈的“彭宇案”：2006年11月20日，彭宇在公共汽车站发现一名老太太跌倒，马上跑过去将其扶起并送其去医院检查。检查结果表明徐姓老太太股骨颈骨折，需进行人造股骨头置换手术。徐姓老太太随即向彭宇索赔医疗费，遭到拒绝，并在各种调解失败后，于2007年1月4日在南京市鼓楼区法院提出民事诉讼。

这一事件后出现了“彭宇案后遗症”：谁还敢再轻易去搀扶摔倒的老人，去帮助身边有困难的路人？

虽说这个案子已经因双方当事人在二审期间达成和解协议而以和解撤诉结案，但姑且不论孰是孰非，单就其引发的社会思考而言，影响非常深远。这件案子不是一个简单的法律问题，而是一个法理学的问题，法官的评判依其对法理学的认识不同而不同。但这个事件对于从不同渠道接收新闻的、尚不会正确辨别是非的孩子来说，第一反应就是，做好事反而会害了自己。原先家长与老师所教导的富有爱心、乐于助人等道德理念在瞬间被抹杀。

此时如果有责任心的父母，就会在类似新闻及案例被传播到孩子眼里、耳里的时候，及时意识到需要和孩子进行一次沟通，交流一下对该新闻及案例的看法，听听孩子的观点，及时纠正和引导，让孩子明白，父母和老师的有关德育的传统教育是正确的。不能因为看见一个不好的例子，就随意改变自己的价值观。

当下社会，道德缺失的故事天天都在发生，然而舆论却一直缺少针对孩子道德教育的有效引导。所以做父母的人，应该同我一样，必须有所警惕地、敏感地辨别周遭发生的事件或者新闻，是否会对孩子的美德建立以及是非观、道德观产生不利影响，甚至瞬间抹杀孩子原本正确却依然脆弱的价值观。及时沟通与发现并解决问题是很有必要的。

➡ 德育教育第二项：Part Two——向童子军学习

在登上月球的12名宇航员中，就有11名曾是童子军成员。美国前总统福特说："我可以毫不犹豫地说，如果没有童子军精神，我不会成为一名好运动员，不可能成为一名好的海军军官，也不可能成为一名好的参议员，更不可能成为一名随时都能做好一切准备的总统。"

如同大多数父母一样，我也有过这样的困惑，到底该如何着手，对孩子进行正确而有效的德育教育？

经过反复权衡，我选用了美国童子军训练孩子的方法，不仅将童子军的12条军规作为培养孩子的核心，同时为了让Brian有更真实的体验，我让他从小就加入小小儿童童子军。现在他上小学了，刚刚升级到了"童子军"训练营。

美国童子军(The Boy Scouts of America，简称BSA)是美国童子军运动中成立的一个民间组织。

BSA遵守童子军宗旨：把一些很重要的价值观传授给少年儿童，诸如自尊、公民意识及野外生存技能(outdoors manship，今改为survival)等，这些价值观是通过参加一系列户外活动而逐渐形成的，例如野营、水上训练以及登山等。

BSA对童子军取得成绩的认可办法包括级别晋升和设立各种特别奖励，具体办法根据不同对象或项目而定，例如7~17岁的男童子军与14~21岁的女童子军各有不同。童子军会组织一些活动来给每个孩子提供获得晋升的机会。每个孩子参加完一项活动之后，总能感觉到自己获得了进步。很多晋升形式是"即时认定式"，也就是说，孩子一旦得到了应有的奖赏，晋升级别的认定会尽快完成。还有一些认定形式，就是在童子军大会上，当着全体童子军及其家长的面给予表彰。

童子军晋升制度由人为设置的一系列障碍和步骤组成，队员每前进一步都会得到及时的奖励，目的是增强其自信心。每个晋升级别中设置若干个步骤，以鼓励孩子独立自主及帮助他人为主。"雄鹰奖章"是童子军所能得到的最高奖励级别，一旦获此奖章，会被认为是至高无上的荣誉。很多成年人即使在获此殊荣很多年以后，都不会忘记在其个人简历中着重突出，以示荣耀。

➡ TIPS

童子军训练的12条做人的基本原则

1.可靠Trustworthy

2.忠诚Loyal

3.助人为乐Helpful

4.友好Friendly

5.谦逊有礼Courteous

6.善良Kind

7.服从Obedience

8.开朗Cheerful

9.节俭Thrifty

10.勇敢Brave

11.整洁Clean

12.虔诚与有信仰Reverent

曙光语录

◎ 道德是人类有别于其他物种的重要因素，也是幸福感的来源。

◎ 在高度信息化的社会中，家长有义务帮助孩子明辨是非，正确看待各种社会现象。

◎ 比起枯燥乏味的说教，团队的氛围能更有效地帮助孩子体悟各种道德内容。

八、要竞争，不攀比

攀比如果做得好，就叫作"竞争"。而真正的攀比行为我是很讨厌的。在本书中我不谈应该培养孩子的竞争意识，因为在我的观念里，孩子应该有一个"Do The Best"（做得最好）的责任，而这比学会竞争更重要。

每个孩子刚来到这个世界，都如同从一个学校毕业一样，所有的行为意识毫无差异。吸吮、哭泣、吃手、翻身……每个步骤都好像是上帝设计好的流程。然后等他们稍微大点，开始有思想了，开始会模仿了，受父母的身传言教和家庭环境的氛围影响，让每个宝宝开始走自己的路了。

最初从娘胎里带来的"平等"，逐渐为"竞争"和"攀比"所代替。这符合大自然的法则。绝大部分动物尤其是哺乳动物，幼小的时候可以在母亲身边和平共处，开始出牙后亲兄弟也要打架了，再大点，就开始弱肉强食。等到成年，会为一个异性、一块肉、一个小山头而血拼了。

人类亦如是。

➡ 强者都有竞争意识，弱者只懂攀比

其实孩子最初的竞争心理，是受父母无意识地启发。很多父母喜欢拿自己的孩子与别人的孩子进行比较。孩子从小就成为父母"炫耀"和"攀比"的"宝贝"。婴幼儿时期比的是孩子的可爱与听话，上学后比的是孩子的成绩与智商……早期的攀比，归根结底是家长之间的竞争。但是家长之间不恰当以及过度的攀比，会伤害到孩子尚不健全的自尊，影响其人格的健全。为什么有很多孩

子小的时候几乎没有真心朋友？就是因为受家长观念的影响，交朋友的时候常常带着势利眼，哪个小朋友家有钱就和人家好，哪个小朋友成绩好就可以做朋友等，完全不考虑人和人之间的默契和投机。小的时候就如此功利，如果家长无法及时纠正，那么孩子长大之后的人格健全、待人处事都会受到很不利的影响。

我的太太和我也会去拿自己的孩子与别人的孩子做比较，我认为这种比较从正面的心态来看有这么一些好处——能够了解别人是如何教育孩子的，看到别人的孩子身上有哪些优缺点。

在我的企业里，我看到过各种各样的年轻人，他们身上的缺点与优点尽收眼底。我觉得这也是一种比较，看到他们的这些优缺点，比较后才能看出自己的优缺点。比较不是用来打败别人，而是为了改进自己。

良性的竞争可以使人进步，一味地“攀比”则是非常令人讨厌的事情，我希望自己的孩子德智体能全面发展，其他孩子的发展和我孩子的发展没什么关系。

每个孩子都是不同的，天才的概率不到1%，却有80%的父母都觉得自己的孩子是天才。其实身为父母对自己的孩子要有正常的、良好的评估，这对孩子的成才是一个相当大的决定因素。

竞争是正常的行为，只有竞争才会促使自己不断进步。但是对于培养孩子的竞争意识，作为父母要明白一些道理，同时采用正确而平和的心态来对待孩子的成功与不成功。

➡ 尽量做到最好，而不是必须拿第一

第一名永远只有一个，无论是在班级里，还是年级中，甚至全校。其实每个孩子都有自己的特点，有的希望成为技术工人，有的希望能成为出租车司机，也有的希望成为科学家。“三百六十行，行行出状元”，每个孩子只有按照自己的特长和爱好去健康发展、就业，对自己负责，尽量做到最好，这样的竞争心态才是健康和谐的。

因此我只要求我的孩子拿到A，至于是A的排名里的第几位，无所谓。放到

中国，就是只要孩子能进前五名就行。能够名列前茅，说明孩子对这门知识有一定的掌握。说到底，名次是其次，重要的是孩子学到了真正有用的知识。

如同奥运会一样，当两个强者在比赛中不断赶超时，才有机会打破世界纪录。我不反对学校对学生进行排名，这有时候对孩子也有一定的督促作用。但是父母不应当强硬地、不考虑孩子的具体能力和情况，不切实际地提出排名上的要求。获得好成绩和要求孩子获得第一是两个概念。只要孩子在自己的能力范围内发挥出他(她)最出色的水准，获得他(她)能得到的最好成绩，掌握应该掌握的知识就行。

Ashley有个女同学，喜欢什么都以Ashley为目标：Ashley做什么，她就做什么。那个女生的妈妈这样教育自己的女儿：你不需要有朋友，只要能超过他们、打败他们就好。

和这个家长不同的是，我希望我的孩子拥有好胜心，但不要过度竞争。“过犹不及”，说的就是这个意思。不论什么事情都需要把握平衡，如果一个孩子总是想击败别人，会变得很不合群、很痛苦，会变得不择手段。所以我说，我们华人的孩子，在美国的学校中成绩是最好的，作弊的比例也是最高的。这也就是我讲的，孩子成绩要好，但是不能不择手段。要因人而异，有能力就去争取，没能力就不必勉强。

正确的竞争意识应该是：我要努力，我要有这个能力，但不意味着所有领域中我都要做第一，都要去争第一。越是在金字塔的顶部奋斗，就越是困难，总有一天要撞南墙的。

“化敌为友”：竞争的最高境界

在商业社会中，我们常说没有永远的敌人，也没有永远的朋友。“商”就是在商言商，免不了各种竞争。而在孩子的成长过程中，竞争可能会导致另一个极端现象的出现，当孩子遭遇竞争对手时，对方就是自己的“敌人”，合不来便不愿去合，在这一过程中作为父母就应该加以适度引导。

Ashley就读的演讲班，里面分成四个不同的专业。有一个专业没人报考，于是她为了不让那个专业的老师失望，就去报名了。前面说的那个特别喜欢以她为目标，很好胜的女同学也一起报了名。

可能因为这个科目比较冷门而且有挑战性，最后只有她们两人在修这门课程。老师在授课时，要求两个孩子互评演讲稿、互相帮助。

Ashley私下里跟我说，她觉得那个女同学写得很一般。有一次，那个女生先看过Ashley的演讲稿后，就觉得自己应当和Ashley写得一样。最后她写的稿子，从采访的人数到采访的内容，几乎和Ashley如出一辙。Ashley当下就意识到，如果那个女同学先被邀请去做演讲，那形势对自己将是很不利的。

为此在我的询问下，她和我诉说了来龙去脉。我这样回应她："这应当是件开心的事情啊。第一，大家乐意去拷贝的，都是好的、美的、优秀的东西，这也说明你的东西好，这不也是一件乐事吗？所以你的心态要转变过来。第二，演讲稿可能需要反复推敲，既然你的一稿被人拷贝了，那么你就不得不再去做二稿，你不如把这当作是别人对你的激励，自发地将被动变成主动。这就同赛跑是一样的道理，不论别人用什么方法超过了你，你都要想办法跑得更快。第三，我们不知道那个女同学是出于什么目的，是坏心还是无意。虽然你觉得她对别人不友善，但也许这并不是全部事实，你可以通过请她一起吃饭，交流一下、了解一下，也可以判断对方究竟是个什么样的人。"后来Ashley果然约了那个女同学吃饭，结果我不甚了解。但是有了这样的经历，Ashley也懂得了如何处理和"敌人"的人际关系。

那年她15岁。

她从我这里明白，学校里的竞争再残酷也只不过是成绩上的竞争，尤其是在中学里，但中学时期是养成孩子人格的重要时期。与结果相比，我更看重孩子处理棘手问题的能力，例如不应该遇到问题便立马打退堂鼓，或者采取逃避的态度。

"化敌为友"，这是Ashley学到的生动一课。

她的理想是希望以后从政，那么如何将反对自己的选民变成支持自己的选民，我想她已经明白该怎么做了。

TIPS

攀比的表现和应对方法

学生的攀比心理主要表现在：

一、比物质方面

比穿着，看谁的衣服是名牌、正宗；比学习用品，看谁的铅笔盒漂亮、高档，比谁的卷笔刀贵；比玩具，谁的玩具多，谁的玩具贵，谁的玩具好看；比零用钱，看谁带的钱多，谁花钱花得大方。

二、比家庭条件

比谁家的房子大、漂亮、位置好；比谁的父母当的官大、钱多、车子好；比谁家的生活用品高档，如电视机大小、牌子等。

三、比外表

比长相、比身高、比头发、比皮肤等。

四、比荣誉

比谁在班里当的“官”大，比谁更受教师的喜欢。

通过问问题避免孩子的攀比

我曾看到一位育儿心理学家刘中良老师提出的观点：“问问题避免孩子攀比的方法”，他的方法与我崇尚的“刨根问底”有点相似，他以手机为例，建立起与孩子的科学沟通，在这里推荐给大家：

家长要学会问问题。

当孩子要攀比买贵重的物品时，家长要学会多问问题，尽量科学合理地与孩子沟通，帮助他们在一件看似简单的买手机的举动中收获更多。

1. 你买这个手机要做什么用呢？

弄清孩子的动机很重要，家长有时候想不到，孩子要买手机或许是用在合理途径，“我曾经遇到一个小男孩，他是班长，学校活动多，有手机方便和其他同学联系”，只要用途合理，家长不要断然拒绝为孩子买手机。

2. 这部手机要一千多元，有点贵，可否想其他办法？电话费问题怎么解决？

这时候建议先让孩子自己提出解决办法，然后家长引导，比如拿孩子的压岁钱，或者让孩子通过家务从父母那获得报酬，这样可以尽量避免孩子不劳而获的心理，让他学会通过自己的劳动努力来获得回报。

3. 如果买了影响学习怎么办？

想必这是多数父母关心的问题，“学生以学习为主，怎么能玩手机？”这句话家长最好先藏在心中，不要以责备的口吻对孩子说，先让他们主动思考一下，如果影响学习，如何惩罚自己。同样是惩罚，从孩子和家长嘴里说出来，效果可大不一样，被动受惩罚会容易让孩子出现逆反或抗拒心理。变被动为主动，孩子更容易积极努力，不让买手机影响学习。

曙光语录

◎ “攀比”是和别人比，而我主张的是和自己比——要做到最好的自己。

◎ 竞争的意义在于激发潜力，而非“唯第一是图”。

◎ 山外有山人外有人，为了比而比，难免焦头烂额。

◎ 遇到困扰时改变心态，有机会看到全然不同的世界，便也有机会做得更好。

九、让孩子从社会上获得尊严

美国人和英国人说话现在越来越(以前很直接，但曾被一些舆论攻击)含蓄，尤其在批评孩子的时候更是如此，因为他们害怕伤害到孩子的自尊心。这几年势头有所改变，他们也意识到过分刻意的保护，反而是纵容孩子。最近一次英国媒体在说到孩子教育的问题时，不再使用一些含蓄的词语，如“overweight”(超重)，而是直接改用“fat”(肥胖)，fat在欧美语言里如果用来形容人，则相当于骂人和侮辱性的词汇。能用到“fat”这样的词语，说明对孩子的批评已经相当重了。

在中国，当我们在教育子女的时候，如果用词稍过激烈，我们的父母就会让我们注意言语，别伤害了孩子的自尊心。

从我考上大学一直到工作，都是只身一人在外闯荡，没有父母的保护与责备。许多年来，我最大的感触就是，一个人的自尊不是自己给自己的，而是这个社会给你的。

这些感触在平时转化为我对两个孩子的严格态度。一开始他们非常不能理解，为什么爸爸从来不会轻易表扬和激励他们。

一次数学课上，老师出了一道较难的函数题目让学生做，当看到题目的时候，所有的学生眼睛里都充满着诧异，但Ashley只用了30秒就做出了这道题，并且用的并不是老师所教授的方法。

Ashley因此获得了数学老师的特别赞许。

还有一次是在物理课上，老师考学生：“你们知道宇宙是由什么组成的？”下面有同学纷纷举手说，有分子，有原子，有电子，有质子和中子。于是老师继续问：“那么中子又是由什么组成的？”这时全班鸦雀无声，而Ashley举手说：“是夸克。”这个答案老师没有说过，全班就她一个人知道。为什么她会知道？因为我曾和她一起读过一本有关宇宙奥秘的书，在阅读的过程中，我给她亲自解释过宇宙的来源。

这两件事，我非常清楚当时Ashley的心情是什么样的，那种愉悦和自豪感肯定是前所未有的，远超过父母给予的任何奖励。

她也因此懂得，这些荣耀、尊重和嘉许，都是学校和社会给予她的。如同我一直告诉她的：人的地位都是社会赋予的，任何评价和荣誉都是，不是父母给的，父母也给不了。

又比如，Ashley写的东西受到其他同学的欢迎，她做的演讲让同学、老师好评不断，她考出好成绩，用自己的才智解决了问题，诸如此类等，这刹那的快乐和满足，构成了她内心强烈的自豪感。这个时候她会意识到，爸爸对她的教育，给了她自信、自尊以及所有的荣誉。

这还需要家里为她刻意营造一个特别满足她自尊心的环境吗？如果你的孩子只能从家里获得认可，而不是从社会上，那这个孩子就容易自我封闭，甚至退步。

让孩子从社会上获得尊严，远比在家里从父母那里获得会让她有更多动力和激情去上进、去奋斗。

这就是一种良性循环。

TIPS

让孩子懂得为自己的家和社会付出

经常让孩子在家中发表自己的意见，提出自己的要求和梦想，鼓励和支持孩子多参与好的社会活动，哪怕只是做一件小事。例如：公益事业和慈善事业，这是让孩子获得公众和社会认可的一个有效途径。

曙光语录

◎ 尊严是社会给的，而不是家庭给的，更不是自封的。

◎ 有尊严的孩子永远不怕失败，更不会被打倒。

◎ 好的父母能让孩子懂得从社会上获取激励和嘉奖。

十、自信的回归："富二代"减肥记

很多来自富裕家庭的孩子，不是缺少文化修养，就是形象一塌糊涂。优质的物质条件加上父母的溺爱，使我看见的不少"富二代"都气喘吁吁地摆动自己臃肿的身材，学习跟不上，却相当自负。他们周遭的人，除了暗中笑话，大概根本不会有人给予肯定，更别提敬重他了。

我曾经听过一个故事，有个富家千金，身高1.6米，体重却有150斤，为此一直没有男朋友。她的爸爸却不许她减肥，还悬赏招婿："减什么减，我女儿1斤肉1万元，看哪个男的有本事养胖她，出嫁时肉越多嫁妆也就越多。"

很快出现一些男性，冲着悬赏来约她。富家千金却一一拒绝了。"我觉得他们都是冲着我一身肥肉能换的钱来的。"她不是多疑的人，但是父亲这样的做法，让她非常不是滋味……

这个故事让我觉得非常可笑。那个父亲，他是爱女儿的，然而他却不知道这样做的后果，是拿自己的钱砸了女儿的幸福。如果是我的孩子，我宁可将这些钱用来支持她的减肥事业。我要让她明白，人首先要正视自己的问题，并改进之，随后才可能获得别人的认可和好感。

➡ 侄子减肥的故事

我的侄子也曾经走过这样的弯路，在这里我解释一下为什么要说我侄子的故事，一是我觉得这个主题具有代表性。二是我一直向身边朋友提倡一点：作为长辈，无论是家里的亲人还是身边的朋友，只要可以、有能力都可以去指导孩子的成长，不要有太多"家长竞争"的思想在其中。一个人需要具有大爱的精神，而对于大家庭而言，无论是父亲、伯父、姨父等，都更应该有这样的心胸。

侄子和我已然有一年多不见，和奶奶住在一起的日子里他被全然地催肥了，以至于第一眼瞥到他，我完全没有意识到这就是我的侄子。几乎是无视了这个胖乎乎的小子，我问："这是谁啊？简直像只小猪似的。"

"讲话注意一些吧，你伤了他的自尊心。"我的妈妈旋即回应。

"我可不认为他现在有任何自尊心。"见面之前我已经听说了这孩子在校的学习情况——在全班60人中名列第48，几乎是倒数前十。在我眼里，每个人的自尊心都是社会给的，不是自己认定自己有能力，就有尊严、有自尊了。

自我肯定的自尊？这简直是在开玩笑。

所以依我看，他现在可没有什么自尊心。

"评价是社会给你的，光有'自尊心'有什么用呢？你再这样发展下去，就只能成为败家子了。"我转向了侄子，严肃地告诉他："这个家还没富到三代，你想让它现在就毁在你这第二代的手里吗？"

听到这话，我妈妈的脸色很是不妙，似乎马上要指责我对孩子过于严苛了。

没关系。对我来说孩子的敬畏并不可悲。即使是和Ashley在一起，我对自己的定位也是"先做好父亲、再做好朋友"。而此时此刻，我的义务是做好伯父——一个教育者，而不是一个朋友，让他喜欢我。我必须对他的未来负责。

"学习怎么样？这个家基因有那么差？每个学期进步十名。"我随即给侄子下达了要求。"同时必须每天称一下自己的体重，每天记录。"

我强调的是：现在不作改变，那唯一的结果就是把孩子害了。

再次和侄子见面是在两年后。学期结束时，他不仅体重下降，而且成绩也有了明显的进步。我扔了一句话给他：这个学期要进到前十名。虽然挑战不小，但我想这孩子是有潜力的。

我们都知道，只有当一个人能够正视自己的问题时，他(她)才可能加以改进并由此获得进步。情同此理，磅秤减肥法则其实也没有什么大秘密——就是要求减肥者每天正视自己的体重，真正感受到那些客观数据所带来的压力，进而产生减肥的动力。

我的磅秤减肥法在亲戚们孩子的身上屡试不爽。他们不仅利用磅秤减了肥，而且成绩也变好了：我的侄子一学期不见，即从班级的第48名一跃而升至第12名。可见，减肥成功和学业进步是可以相辅相成的，减肥对孩子的种种益处并不是单一的，而是多层面的。

如何帮助胖孩子成功减肥并促进其学习

你所需要做的，仅仅是买一台磅秤，然后每天记录体重。这样做的意义在于：

1. 打破幻想，接受现实

胖孩子往往不会意识到自己很胖，即使他每天活动起来气喘吁吁，即使他在学校里会偶尔受到同学的嘲笑。只要父母能够容忍、接纳他，外界的压力就可以忽略不计，他便不会觉得自己非要减肥不可。事实上我们都知道，现代社会对肥胖者可不宽容。不仅带给别人“肥胖=懒惰”的第一印象，而且随之而来的往往是“迟钝”“消耗更多资源”“丑陋”等各种负面评价。此外，肥胖也确实给现代人岌岌可危的健康状况又添加了一道风险——肥胖者容易患高血压，这已经是医学上一个不争的事实。甚至有报道称年仅十几岁的孩子，就因肥胖而罹患高血压。

减肥要从孩子做起，第一步就是让孩子清楚自己的体重值和相应标准之间的差距，建立明确的目标，然后坚持不懈地减下去。

2. 每天记录，时刻敦促自己

只要养成每天称体重并记录的习惯，坚持不懈，时刻提醒自己在减肥，时刻提醒自己的进步，时刻关注自己的目标以及自己离目标的差距，这样怎么可能瘦不下来！有人说，每天测量数据只会让体重反弹得更快。我认为不然。反弹族往往因为自己取得了一点小小的成就就沾沾自喜，立刻开始大鱼大肉地犒劳自己，或者偷懒不做运动或减少运动量，这样当然会反弹，甚至越减越胖。因此，一旦下定决心要减肥，就一定要坚定孩子的信心，让他们意识到“无论多难，不达目的就誓不罢休”。只有有坚定的毅力和恒心，才有可能成功。

减肥成功后，赘肉没有了，但是持之以恒的好习惯和坚韧不拔的意志力却被保留了下来，并影响到孩子生活和学习的其他方面，这就是减肥促进学习的根本原因。如果再次遭遇挫折，只要在内心暗自鼓励自己：当年我如此有毅力地把顽固的肥肉都赶走，那么其他问题，统统不在我眼里！

小小一个磅秤，带走的不仅是孩子的肥胖和健康隐患，更带来了良好的习惯、坚韧的毅力与健康的面貌。

TIPS

小磅秤里有大动力

据中华预防医学会儿少卫生分会的数据显示，近五年，中国儿童肥胖的发生率在快速增长，5年增幅12%~15%。而据中国国际减肥美体协会统计，中国实际已有近半的儿童跨入了肥胖行列。

肥胖不仅是儿童自身的问题，更多是家庭环境因素造成的，例如家长有攀比家庭财富的心理，或者经历过饥荒，都会驱动孩子过度进食。

而在减肥过程中，盲目节食和过于剧烈的运动，都只会适得其反。减肥最要紧的是让孩子有自觉性，也就是在心理上要让孩子有强烈的“我要减肥”的欲望。

小小的磅秤，就是一面小小的镜子，让孩子看见问题，从而自觉地改善和解决问题。

曙光语录

◎ 减肥成功和学习进步是相辅相成的，因为在减肥的过程中，孩子懂得了坚持和自律——这无疑也是学习成功的重要影响因素，甚至是人生成功的必要条件。

◎ 越是“富二代”，越是需要鞭策他们自律自爱，否则就是害了他们。

十一、不滥用物质奖励

公司的奖惩制度与孩子教育是两回事，不应该将这种等价交换的思维从小灌输给孩子，更重要的是这种情绪的建立会让孩子“唯利是图”。

近年来有许多家长对孩子进行表扬与激励的方法已经有“企业化”的趋势。例如当孩子取得小小成就或者做了一件好事，不仅获得口头表扬，而且还有物质上的刺激，如同企业的激励政策。

这个行为，在我看来，却不是件好事。这样的激励方式，容易让孩子陷入“学习就是为了赢得家长的奖励”这样的陷阱，将奋斗和学习当成了获取利益的手段。

在格林豪泰，公司内部有着非常公平、公正的激励政策，但我对员工更加强调的是“在其位谋其政”的理念。对此我是这样理解的：公司每个月都会给每位员工发一份约定的工资，月月不断，但是我在这个职位上，有许多付出都是分内的事，本来就应该有所贡献，而不是为了得到额外的奖励。如果给点金钱奖励就努力，没有奖金就得过且过，不求上进，那这个员工就不是个合格的好员工，从另一方面也说明他所在的公司在人力培训方面很失败。

Ashley只有13岁的时候，有次期末考试考了全A，只有数学考了A-，这在我看来已经是一个不错、年级排名中不是第一就是第二的成绩。她拿着成绩单来给我看，希望我能够表扬她，我看了成绩单，觉得女儿确实非常努力，于是用一种慈爱但谈不上兴奋的口吻说：Good。然而Ashley却有些不开心，她觉得自己那么努力，却只换来我一句Good。

当时我看出了她的情绪，但我什么都没有说。

第二天，她跑来找我，问："爸爸，我能不能换一个手机？"我问她要换什么手机，原来她看上了iPhone，希望能有一个。看我没有马上回答，她接着说："爸爸，我这个学期非常地用功。"

我看着她，用缓慢的语气问她："你觉得你这样努力这样用功是为了我吗？或者说你这样努力，不过是为了得到一台iPhone吗？"

这一连串的问题，让Ashley一时间呆住了。

此时，我把Brian也叫来，我对两个孩子一起说："知道吗？你们念不念书，念得好不好，和我关系都不大，你们都是自己给自己长本事。难道为了你们长本事，我就得不断花钱给你们买奖品？爸爸有责任给你们最好的生活和读书环境，这个是爸爸应该做的。而你们应该做的是什么呢？有没有做到位呢？"

就这样，Ashley想要iPhone的计划被我否决掉了。但是过了一个多月，我还是买给她了。不过我告诉她："这不是奖品，只要你提出合理要求，爸爸都会满足你，这是爸爸的职责，那么你的职责是不是应该把你的潜力都发挥出来，为自己赢得更好的成绩？"

是的，我不常常给孩子赞美，在我看来考试考到A是他们应该做到的事，除非当他们表现得超乎平日，突破自己以往的成绩时，爸爸的赞许才会作为最高荣誉来颁给他们。要知道他们的妈妈平时经常会给他们一些鼓励，但绝对不是物质上的刺激。我觉得这种方式就很好，孩子需要鼓励，但不是简单地、盲目地用物质去刺激他们。

同样，当他们犯错或者遭遇问题的时候，我也不会简单地指责他们。相反我会和他们一起坐下来面对问题和错误，认真分析、举一反三。相比斥责和体罚孩子，我更愿意花较长的时间来帮助孩子走出误区，改正错误，解决问题。

这就是我们家鼓励和激励孩子的方式，适当的表扬和正确时机的物质奖励，可以将孩子引导向更好的未来。但要注意避免简单而盲目的表扬与激励，不要不小心将孩子变成一部机器，给他点油就动，没油了就停下来，那这个孩子就基本完了，有再好的成绩，也不会再进步了，因为他不懂为自己加油，所有的一切都是做给家长看，都是为了和家长进行"交换"。

什么是孩子本来就应该做到的，什么是孩子突破自己潜力而获得的成绩？我希望所有父母都能像我一样，在面对孩子的成绩单时，冷静看待结果。这样我们就会很容易判断出来，什么样的分数值得赞许，什么样的分数值得进一步表扬，而什么样的分数，确实值得父母给予大大的、丰厚的物质奖励。

现在我的孩子们十分清楚这些奖励的尺度和规则，他们知道做我的孩子，是有一定的标准的。而这个标准就是：做好本职，超越自我，做得更好。

这就是身为孩子应该承担的责任和义务。当然很多人也会解释说孩子可能不过是有点惰性，在缺乏激励的情况下难免会止步不前。这我也知道。每当遇到这种情况，我就会告诉孩子们，爸爸的球杆就在那里，如果你们想被"修理"的话，那么就偷懒吧！这个时候没有任何其他办法，孩子的积极性不是靠父母花钱就能买到的。

➡ TIPS

一、对待孩子，不能吝啬赞扬，也不要挥霍认可

好的、准确的称赞可以分成两种话语：我们对孩子说的话，以及孩子听了我们的话后在心里跟自己说的话。

孩子能够从我们的赞赏中获得父母很喜欢、很欣赏他们的信息。同时也能在孩子心里获得回音，让孩子能对自己的品格有一个现实的看法。

最后，要坚决避免空泛的、千篇一律的、形式主义的表扬，时间长了孩子会容易麻木，带来诸多负面效果。父母如果想检测自己的表扬是否恰当，只要观察孩子的表现就能知道：

表现1：总是等待父母表扬，做事的目的完全是为了向家长邀功。

纠正：家长适当地降低表扬的次数，提高表扬的标准和质量，让表扬变得更加可贵。

表现2：得到表扬却并不开心，认为获得的表扬水准不够。

纠正：除了不要轻易表扬孩子外，父母不要低估孩子的能力，别一点小事就给予夸奖，让孩子觉得其实你不知道他水平本来就很高。一句话：表扬要随着孩子的能力一起成长。

因此父母对孩子的表扬也要讲究艺术性，强调有水准的表扬和激励方式。孩子通过家长的称赞，了解自己应该努力的方向。

二、表扬小技巧

借助于肢体语言：如四岁的孩子自己把玩具收进箱子里，在用语言表扬的同时，可以用手拍拍他的后背或者抚摸一下他的小脑袋，让孩子感觉父母的爱、赞许和鼓励。

用奖励代替表扬：与其夸孩子画得好，不如把画贴在房门上。

表扬时找不足：为让表扬更客观，在表扬的同时，用最温和的语言给孩子再提个更好的建议，帮助孩子获得更大的提高。

曙光语录

◎ 物质奖励让孩子忘却学习的真正意义——为自己学，而非为奖励学。

◎ 赞赏或批评都要“有质量”，随随便便的评价非但没有预期的效果，还会降低父母在孩子心中的威信。

十二、随时随地帮孩子完善目标

心智还不够成熟的孩子，常常会对自己在做什么，要做什么等产生迷茫。尤其是遇到困难的时候，他们会希望寻求捷径或者直接逃避问题。因此父母应借助于平日的一些看似不起眼的小事情与孩子进行沟通，传输给孩子正确的想法，并引导他对自己的预期目标进行校正和确认。

我和Ashley有次一起去位于Pasadena的 Vons(美国著名杂货店品牌)买日用品。路边有个60多岁模样的、看上去有点痴呆的老人在乞讨。

走进杂货店后，我女儿问我，能否借给她五美元。我问她要干什么，她说刚才在路边看到一个乞丐，看上去很可怜，她想帮助他。而我身上正好有五美元，就给了她。于是她就拿去接济那位乞丐。

等我们离开Vons，女儿看到路边的那个乞丐已经不见了。她觉得乞丐一定是拿了钱去买汉堡包吃了，想到这里，她觉得非常开心。我顺势引导她说："如果你想要帮助更多像这位老人这样的人，光给他们钱买面包是不够的，你必须想办法让更多的人能得到帮助，比如好好学习，从政，为人民做实事。而且你还要给你的弟弟做个好榜样。"我还对她说："这个钱不是你施舍给老人的，而是爸爸施舍的，所以不能完全算你的爱心。你如果真想帮助他们，就应该用自己的能力去帮助他们。"

我经常借这样的机会来教育孩子，为孩子确立目标，并通过目标的确立传递给孩子读书的动力，这种方式比单纯的说教好很多。而且此刻的孩子也能听得进去，作为父亲趁热打铁，往往能取得事半功倍的效果。

有了这样的决定之后，Ashley希望自己长大后能够成为议员。但是她知道想成为议员，就需要参加竞选，而在学生时代，竞选学校的班干部，对孩子来说是一次很好的实践机会。

Ashley的文艺能力和沟通能力比较强，她希望竞选本年级的宣传委员。在美国学校里参加竞选需要有竞选的标语，比如为什么要做宣传委员，为什么我有能力做宣传委员，竞选的标语不允许你去买，不允许去复印，每张都要自己写，上限200张。记得那时Ashley对此非常认真，只要有时间就画标语，一画就画了80多张。

为了竞选，她甚至开通了自己的Facebook(美国最流行的网络社交平台)账号，逐步形成了自己的竞选小团队。

参加这次宣传委员竞选的一共有三个人，都认真做了竞选标语，同时也都开通了自己的Facebook，但他们的竞选标语都没有Ashley做得好，并且那两位竞选者只画了五张标语。Ashley觉得自己胜券在握。

可是事情在几天后发生了转折，其中一个人在竞选前几天发布谣言说：Ashley的标语是花钱买的，她不可能一个人画这么多，其他两个人都只画了几张，她一定是造假的。然后仅仅一天之内，她的选票就被那个散布谣言的同学赶超了，最后她落败了。

为这件事我专门和老师进行沟通过，但已无济于事。

这件事对Ashley的打击很大，但是我建议并指导她学会换一个角度来分析这件事，想想未来从政的竞选过程中，可能会遭遇更大的不公平，如何让自己有效处理这个问题，这是Ashley应该学到的一课。

我对女儿说：我们自己不能造假，但要防备别人造假，如果遭遇谣言，要及时向学校反映，同时要求老师和学校来计票，学会保护自己的权益。

是的，每个孩子在达到目标的路途中，有非常多的坎需要跨越。我听说有一些中国父母，会利用自己的关系，或者亲自出面替孩子搞定一切。我觉得他们这样做，反而会让孩子以后遭遇问题只会选择逃避。作为父母不应该简单地用自己的能力帮助孩子把道路全部熨平，而应该让孩子从每个挫折中，一件事情一件事情地磨炼起来，当未来他们走上社会遇到真正的危机时，曾经学到的本领和累积的经验，就能帮助他们在面对难关时发掘解决问题的方式。

所以做父母的必须认识到：孩子在设立目标的过程中很可能会遇到许多障碍。《西游记》中唐僧取经需要经过九九八十一难，其实这就是预示着要想成功其实也需要经过“九九八十一难”，没有所谓的捷径可走。

➡ TIPS

设计目标可以“分期计划”

以预计实现目标要花费的时间长短为标准，可将目标分为三种：短期目标、中期目标和长期目标。

一、短期目标

时间：一星期、一个月或两三个月。

目标类型：在最近的考试中争取90分以上；掌握一门比较弱的功课；完成一项模型的制作等。在执行过程中设计方式和方法。

二、中期目标

时间：一学期或者一个学年。

目标类型：需要花稍微多点时间完成的目标。例如学年结束时要评上“三好学生”；学期结束后要读完五本指定的书；在兴趣班上学会一门手艺等。

三、长期目标

时间：几年甚至十几年、几十年的长期目标。

目标类型：往往和个人理想、梦想挂钩，也可以定义为一个家庭对孩子的要求以及全家人共同的目标。例如要考上某某大学，考出某种技术证书，能够从事某项工作并取得什么样的位置。

曙光语录

◎ 生活中任何一个小细节都可能成为教育的契机——生活即教育。

◎ 建立在真实场景中的教育更具实际意义。

◎ 当孩子遭遇困难，父母要做的不是用自己的力量去熨平障碍，而是在有所预期的前提下放手让孩子自己去渡过难关。

十三、金钱观念的培养不急在一时

《富爸爸穷爸爸》这本书曾经风靡一时，掀起了一股培养孩子理财观的热潮。不过在我看来，从小培养孩子的理财能力这一观点并不是百分之百正确。虽然在别人看来，我坐拥大企业，我的孩子势必要继承我的事业，他们理应比普通孩子更具备理财的能力，但是我却始终认为，对金钱有正确的认识，比拥有高超的理财技能重要得多——这一点，不论是对于我的孩子，还是每一个普通孩子，都是一样的。

我常常对孩子们说，只有当一个人的自身涵养不够时，才需要通过品牌的包装来塑造形象。与其为了金钱而费尽心思，不如去做些更有意义的事情，更能体现自身价值的事情——这是我们达成的共识。

13岁的Ashley在步入了青春期之后，开始逐渐关注起自己的外形和品牌商品。有一次在逛街的时候，我和她讨论起了名牌的问题。

“爸爸，我们班有几个同学，总是穿名牌，有时候还会跟别的同学说自己的衣服有多贵。”

“你怎么看待那些不便宜的名牌货呢？很漂亮？”

“有的挺漂亮的，但是有的一点儿也不好看呐！”

“Ashley，审美是件很主观的事情。即使是名牌，也不代表人人都喜欢。”

“所以买名牌并不一定就好看，对吗？”

“是的。那么你觉得，他们为什么要买名牌呢？”

“可能是为了说明自己有钱？”

“他们的钱不是自己的，是爸妈的，所以那一点儿也不值得骄傲，不是吗？”

“对！”

“既然找不到买名牌的理由，那我们不妨来讨论一下不买名牌的理由？”

“省钱？……”

“嗯，这算是一个，那么为什么要省钱呢？”不等Ashley回答，我又说道：“因为有人会比你更需要这些钱。同样是五块钱，对你来说可能代表一杯冷饮，对有些人却代表了一顿饱腹的美食。”

“把钱花在刀刃上？”

“是的，没错。”

从此之后我经常和Ashley做“买哪个”的游戏：同样一件衣服，她可以自行决定买贵的或者便宜的。如果选择便宜的，我便将差价交给孩子，由她捐出去或存起来将来再用。结果往往是：她更愿意选择便宜的。

这让我很高兴。

对于Ashley，我始终希望她对于金钱能拥有这样的心态：钱是身外之物，它可以让生活变得更好，但它不是生活的目的。我不希望让孩子变成守财奴，这是我在整个教育过程中都非常重视的一点。这个简单的道理很多人都忘记了，所幸Ashley已经学得很不错了——她知道物质、金钱都是整个家庭可以共享的，也愿意通过自己的舍弃让一些急需金钱的人得到帮助。

本着这样的想法，我从来没有给过孩子零花钱。一来，他们没有花钱的机会：但凡想要的东西，一般爸妈都会满足(当然，仅限22岁之前)。二来，我不希望他们把物质看得很重，更不希望他们要为了买某个东西而不吃不喝地攒钱——得之我幸，不得亦泰然。

同样的，我也并不急于培养孩子的理财能力。很多家长为了让孩子从小有理财能力，显出了急功近利的心态，这是很不稳妥的。理财的技能其实要比健康的金钱观容易拿捏得多，所以从小培养的应该是孩子的观念而非技能。打个比方来说，正确的观念犹如人生的航向，理财的能力就是航行的速度——如果方向不对，那么速度越快错得越离谱。

除此之外，我对孩子理财能力的培养还有这样的一个想法：要学会理财，必须先学会“节省”——这就如同打江山和守江山的关系。我的孩子不单单要懂得如何理财，更要懂得如何赚钱，因为赚钱的过程本身就是一种对理财能力的学习。

➡ TIPS

孩子金钱观的养成，很大一部分受到家庭的影响

很多孩子人生观与习惯的养成，家庭有很重要的影响力。许多独生子女在家庭中，因大人们常常有求必应，格外宠爱，导致孩子对金钱观与物欲的认识混乱——父母往往认为能给孩子就尽量多地给孩子，却忽略孩子是不是适合或真正的需求！

再者，随着广告及新闻媒体的影响，种种商品的包装诱惑，源自大人的物质高于一切的观念影响，电视里不断播放的为房子为宝马而献身的例子，潜移默化着孩子的心灵。通货膨胀，经济危机，人人开始购买彩票幻想天上掉馅饼，这些，落到孩子眼里幻化成了什么？作为父母我们该如何正确引导他们？这都是我们值得深思的地方。

学校里同学之间的攀比，来自不同经济状况家庭的孩子，心中各有自己的小算盘。对家庭物质条件优越的孩子，应教导他们不去比较或过度地宣扬自己的家境；对于家庭环境较差的孩子，应该让他们知道，不应用金钱来衡量一个人的价值或享受的权利。

一句话，我们必须在孩子幼年时期给其一个正确的金钱观，并给予积极的建议与协助。

一有机会，就可以教孩子从小学会记录自己简单的生活支出，无论是用压岁钱还是零花钱。让孩子对支出的平衡把握有所了解，同时培养他(她)不浪费金钱的好习惯。

和孩子分析不同行业不同岗位的差别，强调劳动最光荣，让他知道工种无贵贱之分，每一分钱都需要辛勤的工作和努力的付出。

曙光语录

◎ 钱是身外之物，它可以让生活变得更好，但它不是生活的目的。

◎ 在日常生活中，尽可能淡化金钱的重要性，有利于引导孩子关注其他更重要的事物。

◎ 应该从小培养孩子健康的金钱观，其意义远超对其理财技能的训练。

十四、近朱者赤，打理孩子的交友圈

孩子身处的环境对其价值观及是非观的形成有着深远的影响。除了父母、老师之外，朋友是对他(她)影响最大的人，很容易成为被学习的榜样。然而对孩子来说，交什么样的朋友、进入什么样的社交圈子、如何与朋友相处，都是很复杂的事——父母需要帮助他们花时间来学习、经营和维持。如果孩子在交友过程中出现人际交往障碍的话，往往不是单一因素所造成的。

Ashley很可爱，从小就会和我分享她的朋友圈子，会跟我讲她朋友的趣事以及她和朋友之间的小秘密。她读小学二三年级的时候，有一次很开心地跟我说，她的一个朋友去书店偷了一支铅笔。

我听后，立刻告诉她："你这个朋友做了一件非常不好的事，以后不允许你再和她来往。"为此Ashley哭得很伤心。但是第二天她就跑去跟那个朋友说："对不起，我不能跟你成为朋友，因为我爸爸不喜欢我跟你做朋友。"

她就这样把我给出卖了。我虽然有点生气，但还是为孩子把我的话放在心里而感到窃喜。其实我并不反对她多交些朋友，我只是认为她在交友过程中，要学会如何辨别哪些朋友可以交，哪些朋友不太合适。这种是非观念的培养，对她交友的方式以及个人成长来说非常重要。对家长来说，此刻也是培养孩子社交能力以及沟通能力的好时机。

好的朋友圈子能构成一个影响力深远的人际环境，影响孩子的人生观和价值观。

从这个意义上来说，像“孟母三迁”那样只给孩子创造好的学习环境是远远不够的。

我觉得孩子从小就应该多接触一些小朋友，和他们进行交流与沟通。我自己小的时候，因为受物质条件限制没有什么玩具，只能出门和其他孩子一起玩捉迷藏，丢石子，甚至打架。许多年后的今天，我回想起来，认为那时看似不起眼的群体娱乐，恰恰给予了我们良好的团队合作精神，所以我这个年代的人，交友的能力也比现在的独生子女要好。

今天的孩子，常因家里宠着，身边都是玩具、电视、游戏。亲戚朋友往来也少，邻里之间更是互不认识。早些年那种一条弄堂里飞奔串门儿、一排孩子凑在一起扎堆玩乐的情景，也已消失殆尽。因为没机会与同龄的小朋友互动，现今的孩子往往不懂得如何应对进退，不了解施与受的真谛，不善于和他人分享。长大后，也就容易缺乏团队协作和沟通能力。

专家都说孩子交友需要一个良好的“后天环境”，而这“后天环境”的营造需要靠父母的努力。

➡ 我会怎么做

主动模拟一个良好的环境给孩子们。只要一有机会我就会鼓励孩子们邀请朋友到家里来，一起吃饭、做功课和娱乐，鼓励他们进行交流和互动。

在我们小区，经常有别的家庭组织一些活动例如家庭聚会等，我也非常鼓励孩子去参加别人家的party。但是我有个前提，会事先了解一下别人家的背景，组织的是什么类型的活动。避免让孩子接触可能对他产生不利影响的环境。不同人家的家庭可能有无数种情况和可能，我们应该鼓励孩子走出家门去探险，但别因此害了他。

有时我也会让我的孩子参加我朋友圈子里的一些非商务性质的晚餐活动，目的也是帮助他们去认识更多人，并与不同的人打交道，了解不同的人。

➡ 学会为孩子梳理他(她)的朋友圈

无论现在Ashley是否还会和我说起她的朋友，但我仍然坚持每年都要梳理一次她的朋友圈子，因为我需要了解她的生活。这不是侵犯孩子的隐私，而是帮助孩子建立一个良好的生活圈子，对保证他(她)将来往正确的道路上发展至关重要。

要让孩子知道：朋友不是越多越好，重要的是能对自己的朋友知根知底，选择能够和自己交心、趣味一致、爱好接近、价值观也相仿的朋友。

而作为父母，帮孩子梳理朋友圈子也是保护孩子的一种方式。

美国和中国不一样，很多小朋友是不会来家串门的，另外还有一个习惯就是大家不会去打听对方的隐私。有时可能无法了解对方孩子的家庭背景，例如他的父母是什么样的人？做什么的？吸毒还是真正有自己的事业？单身母亲还是单身父亲？这些统统都不知道。因此，要想孩子主动交代自己朋友的信息不太现实，而且孩子的判断力很多时候不如阅历丰富的大人，容易交友不慎。

不过孩子在成长过程中，也会逐渐形成包括朋友圈在内的秘密圈子，有些时候他们不愿意和我们说起自己的朋友，父母也应该充分尊重孩子的隐私。但更重要的是，我们还是有“监护”孩子的权利，因此更需要在自己还身为“监护人”的时候，为孩子营造一个良好的氛围。

➡ 通过交流让孩子形成自己的人生观

Ashley有一次过生日，我给了她一些格林豪泰酒店的T恤拿去送给小朋友。结果其中有个朋友大概只穿名牌，说这个衣服不好，搞得Ashley非常郁闷，觉得这个人不懂得感谢，不值得做朋友。当时我安慰她说：别人有自己的想法，你不能要求每个人都喜欢你所喜欢的东西。如果她不喜欢，只能说明你们品位不同。这个世界上林子大了，什么鸟都有。你不能因为别人杀人，自己就跟着去上吊。你也不能因为别人做坏事，就对世界失去希望。

通过这件事，Ashley开始意识到人与人之间的差异，开始了解什么是共同趣味，知道朋友之间如果没有情感的纽带、没有共同话题的话，容易渐行渐远。很多时候，因为家庭环境，或者父母要求的不同，孩子的兴趣点会不太一样，朋友间的话题便由此产生差异，即使是大人也常常会因为这种差异而导致人与人之间的不和。借用中国一句古话叫“道不同，不相为谋”，但我更希望能帮助孩子懂得面对分歧，不是靠疏离朋友，而是学会“包容”对方来处理友情。如果孩子产生了一种“朋友会的我不会”“朋友说的我不懂”的疏离感，这个时候就需要父母引导，帮助孩子打造宽阔的心胸，避免因分歧产生人际关系的障碍。

Ashley就是个心胸非常宽厚的孩子，她三岁那年，一次从幼儿园回家后，我们发现她的胳膊上有个肿块，询问之后，才知道因为她不愿意和一个孩子一起玩而被对方咬了。我当时气坏了，准备去找校长。Ashley却拦住了我，和我说：“不行，因为那个孩子比我小，他不懂事。”

➡ 好朋友和坏朋友

孩子会将“秘密”当成朋友对他(她)的最大信任，也会认为对方和他(她)分享秘密，自己也应该等价地把自己的秘密与对方交换。这种分享“秘密”的过程很容易建立起两个人的友谊。然而最可怕的是，孩子并不知道什么是“秘密”，更不知道什么样的秘密可以分享……

Ashley有个和她年纪相仿的朋友，但这个朋友好像心事很重，整天在Ashley面前怨天尤人。但Ashley非常喜欢这个朋友，因为她觉得可以跟这个朋友分享秘密。于是我告诉她：“爸爸不同意你和这个朋友继续来往，因为这个朋友的悲观情绪属于不良性格，她和你抱怨这个抱怨那个，这和‘分享秘密’是两码事，她是在把自己的不良情绪推到你身上。你即便本来没有问题，也会被她的问题传染的。”

是的，很多小朋友很在乎有个可以分享“秘密”的朋友，但有时候，“秘密”通常都不是好事。此时作为父亲，就必须想方设法来引导他(她)。

一些教育专家不建议父母干预孩子交朋友的自由，认为这样太专横，是把父母的标准强加给孩子，会引起孩子的反感甚至叛逆。

然而多年来我们常常能在新闻中看到，很多家长等到孩子出事时，才发觉到自己的孩子原来总是与一群不务正业的社会青年在一起，但为时已晚。这就是父母不懂干预的后果——彻底害了孩子。

所以要我说，孩子交什么样的朋友父母一定要干涉，但这种干涉仅限于防止孩子交到品行不端的朋友，从而受到不良诱导。如果你阻止孩子与某些人交朋友，一定要告诉他(她)你的理由，并说服他(她)接受你的建议。只要沟通到位，孩子是会认同你的看法的。

➡ TIPS

几种模拟交友的方法

寒暑假时，可以安排孩子参加夏令营、冬令营等活动，在平等的氛围下，通过营队与来自不同地域、不同文化背景的人相处，学习应对进退，与他人共同完成一个目标的团队合作。

或者可以尝试这样的方式：与几位有相近年龄孩子的亲朋好友轮流带团，固定一个周期，例如每周或每月，带所有朋友的孩子一起出游。这么一来，不轮班的家长有夫妻独处的时间，轮班的家长可依照自己的兴趣，选择带一群小朋友去郊游、逛街，或参观博物馆、游乐园。孩子不但能学习跟父母以外的长辈相处，也有机会接触不同背景的小朋友，开启另一层结交朋友的机会。家长之间也多了共同分享的话题，这种方法对孩子及家长的人际关系都有很大的帮助。

孩子的生活圈狭小，父母的确需要花时间参与孩子的生活，帮助他们学习交朋友。家长有时要暂时抛开父母角色，不要只以权威态度叮咛孩子做功课、注意健康等，有时必须化身为孩子的朋友，陪孩子一起玩乐。在玩的过程中，参与孩子的人际关系建设，让他们了解如何跟朋友应对进退、分享等，这样的方法，也能弥补孩子社交环境不足的缺憾。

如果遇到孩子太害羞、无法主动交朋友的情况，父母也可到学校当义工父母，参与孩子的交友圈，为孩子提供话题；或主动帮孩子邀请同学到家中参加聚会、举办一场郊游踏青等，在此过程中教导孩子培养人际关系。

曙光语录

◎ 近朱者赤近墨者黑，朋友间的影响不容忽视。

◎ 帮助孩子梳理交友圈也是“境教”的一种。

◎ 如果希望孩子和某些朋友保持距离，一定要用说理的方式，让孩子明白父母的真正动机，以免引起逆反心理。

十五、女儿可不可以“化妆”

在美国，我曾经遇到过中国台湾地区很有名的教育家孙老师，她除了是一位教育学博士，更曾当过马英九的老师。她认为女孩子应该少化妆，至少不应该刻意花很多时间去装扮自己。一来每天化妆虽花不了几分钟，但日积月累却也是个不小的数字；二来女孩子打扮得太漂亮，在学校里就会被像蜜蜂逐花一样追来追去，即使有幸不早恋，光花时间去打发这些追求者也是很耗时间的事。从理论上来说，这些观点和我的想法不谋而合。

有人会说，美貌是女性获取自信的重要途径。这一点我不否认，但试问，一个女人一辈子能靠美貌风光多久呢？年少时清纯可人，自是不必多加修饰，成熟后靠气质内涵取胜——真正需要用美貌作为武器的，不外乎那么几年吧？为了几年的光鲜亮丽，甚至有人去做整形手术，失败了之后苦不堪言，这种做法真的划算吗？何况真正能支撑一辈子自信的，应当是女性的灵魂、品性和思想。

我是一个父亲，更是一个男人，对于女儿在美与品性上的追求，我想会比母亲的视野更为广阔鲜明。

毕竟，作为父亲，我当然希望我的女儿变得更美丽，但更希望她的品行与内在比她的外表更出彩，更加引人注目。

而作为一个男人，我完全有资格和立场告诉她，什么样的女孩是最美的女孩。

Ashley作为女孩子，对美有着天生的向往。随着她渐渐地长大，尤其是青春期的时候，化妆问题就渐渐浮上了水面。对此，我既不支持也不反对，对她只要求有如下两条原则：

首先，无论如何装扮自己，都随时能回到本色。

稍稍关注时尚的人都知道，现代社会不仅仅信息流通快，连潮流风向也是忽东忽西。从高腰裤到低腰裤再回到高腰裤，从波波头到梨花头再到大C卷……流行元素可谓是重复更迭，乐此不疲，没有永远的时尚风格，只有不断地变化、变化、变化。你得保证哪天你喜新厌旧了，还能回到最初的样子来迎接新的造型吧！——这就是我对Ashley化妆的第一个原则。

其次，用尽可能少的时间达到最大的美化效果。

化妆很浪费时间和精力，即使戴一个戒指，一戴一脱也要至少两秒钟时间，更别提打扮好之后，对着镜子照来照去、顾影自怜的时间了。每天如此，几年下来，消耗在装扮上的时间就比较可观了。孩子在成长的时候，这些时间上的差异看似都很细小，但当这些差异积累起来，等到他们成年时，就会发现这些浪费掉的时间很可观。如果把这些时间都花在学习上，那会产生怎样的效果呢？答案不言而喻。

鉴于我的两条原则，Ashley在化妆问题上确实受到很大限制。尽管已经尽量减少这方面的接触，但是14岁的她，在学校里耳濡目染也跟其他女孩学会了偷偷修眉。

当我应她妈妈的要求和她讨论这个问题时，Ashley很不以为然：“你连耳环都不让我戴，还会允许我修眉？”

我回答道：“爱美之心，人皆有之，修眉我不禁止。问题是，你怎么知道自己修出来的眉毛是否是最美的？万一哪一天觉得不美了，那拔掉的眉毛还能马上再长出来吗？”

Ashley听了若有所思，最终她接受了我的建议：如果修眉不影响它再长出来，就可以做。

她明白我话里最真实的意思，就是女孩爱美没关系，但绝对不要因为爱美而去做了不可逆转的事情，这也是对自己负责的表现。我和她说了一个听来的故事，是一个同样爱美的女孩子，却错误地选择了刺青。后来她长大了，发现自己一直被人误会是在外面混的问题少女，而因为当时不懂，刺青的位置及图案的选择也显得不太雅观。后来她一直想清洗掉文身，却始终无法完全清除掉，那些当初以为是美的文身，如今却成了一块自卑的心病。

“当年，爸妈怎么能理解我的想法？”可能是出于冲动，抑或一时赌气，让自己做了后悔的事情。做父母的大可不必就某个观点和孩子争论得面红耳赤，不妨心平气和地问问孩子：这件事做完，还能恢复原状吗？哪天你若后悔了怎么办？

因为这世上本没有后悔药，我们至少得让孩子有重新开始的机会。

对我来说，教育孩子并不是一件轰轰烈烈的事情，而是在任何一件小事中都可能出现新的教育机会。即使是小小的化妆问题，也可以让孩子懂得，必须时时刻刻要为自己负责，要比任何人都更爱自己。

TIPS

为何父亲比母亲更容易在意女儿的化妆问题？

据调查，大多数家庭中，如果女儿开始频繁在镜子前欣赏自己，或者开始化妆，母亲大多数不置可否，父亲则多会找孩子谈话，提醒她不能过于张扬，并且会对女儿的口红颜色、发型等提出批评或者限制。

从心理学角度说，这是父亲对女儿的一种本能保护。因为母亲从小经历过女儿所正经历的这些，因此能够表现得很宽容和理解。但是父亲对女儿的疼爱往往接近于希望全面保护孩子的倾向。一来作为男性他很清楚女儿打扮的后果；二来作为父亲，他比母亲更在意女儿的言行举止，也是担心外来男性随时介入女儿生活的一种防御本能。可怜天下父母心啊！

曙光语录

◎ 化妆也能和责任心有所联系——对将来负责，不做不可逆反的事。

◎ 比起让人惊艳的容貌，美丽的心灵和聪慧的头脑是女人更宝贵的财富。

十六、父亲应教给女儿的爱情定理

对于十几岁的女孩来说，青春总是充满了危机，她要面对太多的诱惑，例如时髦的衣服、狂欢的派对、帅气的男孩……有一天，你突然意识到，作为一个青春期少女的父亲，不知道从什么时候开始，容易变得神经兮兮。她有很多朋友，男的女的都有，她开始和一些男孩子交往，无论独处还是群聚，你开始要判断那是她的男朋友还是普通朋友……也许她有点什么，也许什么都没有——凡此种种，作为父亲，我应该怎样处理呢?

我曾经和Ashley讨论过她身边的男性朋友，她很坦然地告诉我，确实有不少男孩子喜欢她。我并不为此感到担忧——有人喜欢她，至少说明我的孩子受人欢迎，也说明她的社交能力值得赞赏。

我不会限制她和男孩子的交往，但是我提出一个要求：她目前不能去喜欢或去爱别人。

她还年少，我无法很准确地帮助她分辨哪些是男性朋友、哪些是男朋友。我处理的方式很简单：避免单独和一个异性朋友一起活动。因为在正常的社交中，一对一的活动是不必要的，有什么事情是不能在大庭广众之下交流分享的呢?

参与群体性活动而非个别活动，这就是我的第一原则。从心理学角度来分析，我属于权威型父亲。不仅给孩子提供生活起居和教育，也为孩子设定清楚的家规。在一些重大的原则问题上，我经常会有自己明确的态度及坚持。

权威型的父母在发现孩子有不合适行为的时候，会花很长的时间耐心跟孩子沟通，让孩子理解“为何该这么做，不该那么做”。

我非常提倡这种既有民主交流，又有合理控制的教育方式，对开发孩子的情商能力有很好的帮助。

我也曾问过Ashley：会不会因为我“强硬干涉”她的感情及社交生活而产生不满？她的回答让我很满意，她说：“如果现在谈恋爱，将来能结合的概率实在太小，几乎不到1%，况且把时间花在没有结果的事情上，实在是浪费大好青春。另外很多人根本不懂什么叫爱。为什么不把这宝贵的时光用在学习上呢？”

看来我对她进行的“大概率”问题教育很成功，早恋这事情，作为家长我们无法抹杀孩子正常的青春期情感萌动，也不可以武断地进行指责，最好的方式，就是正确引导，让她明白其中的道理。

聪明的Ashley在青春期懵懂时就已经通过我们父女之间的悄悄话懂得，学校里的恋情，虽然有日后修成正果的成功例子，但毕竟那是小概率事件。大部分人，多半不是毕业后劳燕分飞，就是进了大学后延续了1~2年就因认识新的男、女朋友而告分手。

既然大部分人的早恋都容易夭折，那么我们为什么要对此投入太多精力和时间呢？

爱或者喜欢，对一个年少的女孩子来说，很难界定其中的微妙，作为父亲，也绝对不会告诉她早恋是错误的事情——如果这个年纪就觉得爱是丑陋的，将恋爱当成洪水猛兽，那么大了之后，她也会变成很可怕的女人。

所以我只是帮助我的女儿，去理解爱需要正确的时间和正确的时机。

没错，Ashley总有一天要成人，会拥有自己的世界观和价值观，也会在正确的时间遇见新的男人或者男孩。而在适婚年龄，恋爱结婚就成了一个大概率成功事件。那时的Ashley也会投入一场有意义的爱情中，无论最后成功还是失败，都不会是毫无意义、浪费时间的事情。

因此我对她这样承诺——

“到那个时候，你愿意单身就单身，你愿意结婚就结婚，你愿意做单亲妈妈就做单亲妈妈，我都不会反对。爸爸一切都支持你。”

做该做的事情，爱该爱的人，这个就是幸福。对于此刻的Ashley来说，该做的事情是学习，该爱的是她的家人和朋友。

TIPS

孩子应该明白的爱之真谛

一、爱情需要在正确的时间去体验

人的一生都会需要爱，寻找爱。你会遭遇许多困惑，许多挫折，但是任何时候，记住：爱情绝对存在，只是它不到时候，不会来。

二、爱情不是生活的全部

爱是生活里最闪亮的那一部分。但是人生还需要学习、创业、帮助他人等。

三、不要为了一棵树而放弃一片森林

和更多男孩子交往，但是不谈情，只谈学业和人生理想。同时慢慢了解到男性和女性的性格及行为差异，对你日后如何辨别聪明男孩和蠢人大有帮助。

四、重要的不是现在有多少人喜欢你，而是明天比今天有更多人欣赏你

一个优秀的女孩，会懂得矜持而优雅地游走于自己的社交圈子。和每个人都很亲近，但又保持着恰好的距离，未来，你会赢得更多欣赏的眼光。

五、如果真的爱上一个人，一定要珍惜。但珍惜的最好方式不是放纵而是克制

爱不要放纵。就如同修行，有所牺牲，有所舍弃，共同学习共同进步，才能抵达彼岸。这话你现在也许不一定懂。但相信爸爸，若你懂得冷静和克制，未来就能收获更多的爱。

特别强调，在所有的克制里，身体尤甚，你有多爱自己的身体，就有多爱自己。

曙光语录

◎ 在恰当的时候做合适的事，这就是幸福。

◎ 年少时该做的事情是学习，年长后就轰轰烈烈地恋爱，认认真真地工作。

◎ 校园恋情成功的概率太低，而赌注又太大，不值得。

十七、我的女儿不愁嫁

曾碰到过朋友这样友善的提醒：女孩子太优秀了，会找不到丈夫哦！

对于这个观点，我实在不敢苟同。

首先，强者是会互相吸引的——这和性别无关。也就是说，如果Ashley成为了一个强大的女性，那么她身边的朋友们自然也都是强大的。不是说一定要在方方面面都有与她匹敌的能力，至少在某些方面，他们足以和Ashley平起平坐。会因为自卑而远离的男人，根本不该列入考虑范围。换句话说，女性自身的强大无意之中过滤了很多可能成为生活伴侣的男性“不良品种”。不断完善自我，同时吸引强大或更强大的异性，这又何尝不是一种良性循环呢？

我简单说明下我想表达的“心理强大”的概念，就是一个女性，应该有着“个人素养+自知之明”。

女性要强大，就要懂得不去浪费时间，做该做的事。

不可否认，在当代社会，女性和男性的地位尚未达到完全的平等。尽管女性独立的呼声一浪高过一浪，但从最根本的生理特征上来看，女性仍难以避免地成为了“弱势群体”。撇开就业困难和生育责任等方面的问题，至少女性在防御危险和抵御危害上的能力是弱于男性的。因此我始终认为，女儿的强大应当是心理的强大。

纵观当今国际政坛，女性崛起的例子不在少数，似乎女性在社会生活中扮演的角色越来越重要。她们不仅在能凸显女性优势的岗位(例如行政文职、幼儿教师)上兢兢业业地工作，在以往被男性独霸的领域中也开始崭露头角。在日常生活中，也很容易找到那些精明强悍的女律师、女精算师、女总裁……

怎样培养女儿成为心理强大的女性？我想这个问题所有的父母都很关注。

首先，心理强大源自一个人对自己的认可。简单地说，心理强大来自充分的自信：知道自己是怎样的人，知道自己想要的东西，知道自己在做什么，知道自己可能得到的结果。能做到这些的人，必然是超脱而淡然的，对于能或不能，有着清醒的认识，心态稳若泰山、固若磐石。

其次，心理强大不是盲目的自傲，对自己的界定必须建立在客观、理性的基础上。即是说，我是否拥有了足够的才能？我的弱点在何处？我需要弥补哪些不足？

Ashley只有十几岁，要明确地判断自己有一定的难度，本身所拥有的能力或知识也影响着她的心理强大。因此作为父亲我常常和她讨论：现在的她，哪些是该做的，哪些是不该做的？

讨论的结果是，Ashley完全认可我的观点：现在该做的是努力学习，在“长脑子的时代”里不断充实学习和强大自己，而不是沉迷于网络游戏甚至男女交往。

所以对Ashley来说，未来要成为美国女政治家这个目标一点也不离谱。这是我和她共有的追求。

如同朋友发出的“女性过于优秀会找不到丈夫”的担忧一样，我太太，Ashley的母亲有时也会担心Ashley的婚恋问题。我的态度是：要保持一个开放的心态，这个是女儿的事，以后由她自己来选择。无论是选择单身、结婚，甚至是做单亲妈妈我都会赞成，我也不介意。我的博士生导师就是单亲母亲，我觉得也挺好的。

因为心理强大的女性，她的人生不是为了婚姻而设。婚姻不过是为她的人生锦上添花。

我也告诉Ashley，女强人从来不是感情失败的产物，事业成功和婚姻美满不是对立关系。

如果一个女性把婚姻视作人生的终极追求，那是她的不幸。我要培养的不是忙着穿梭于客厅与厨房之间的家庭主妇，而是一个真正独立的、有明确奋斗方向的新时代女性——拥有自己的事业，与男性平起平坐，敢于面对任何挑战和挫折的女性。而Ashley也很清楚自己的发展方向，并为之坚定不移地努力。

如果为了所谓“爱情”而放弃人生的奋斗，等于把自己的幸福托付在别人手中。没有人愿意让别人把刀子时刻架在自己的脖子上吧，虽然这个比喻有些夸张。但道理却是实实在在的。

有些恨嫁的“剩女”(那些有自我，单身也精彩，一定要找到Mr. Rright才肯结婚的女性例外)之所以剩下，并不是因为她们太优秀，也不是因为优秀男人太少，而是因为她们心理不够强大，对婚姻和男性的期望过高，总指望通过男人和婚姻来改变自己的命运，结果越挑人越少，路也越走越窄。

在美国这么多年，我见过许多美国女性，她们从不把自己的一生依附在一个男人身上。她们享受生活、经济独立、敢爱敢恨，虽然婚姻也会出现问题，但她们绝不委曲求全。她们永远相信，不管她们变得多老，照样可以得到幸福，因为幸福是她们自己创造的，而不是某段婚姻创造的。

有强大自我的女性，不会像某些传统女人一样，年轻时依附父母，结婚了依附丈夫，老了依附孩子。即使没有婚姻没有孩子没有了一切依附，她依然拥有属于她自己的幸福生活。

在这样的情况下，她怎么会心理不强大呢？

TIPS

父母如何让孩子的心理变得强大？

孩子来到这个世界上，就要面对无限可能——挫折、惊喜、磨难、意外等。

对于孩子来说，尤其是女孩子来说，面对这个复杂的世界里会发生的各种可能，若是拥有强大的心理，具备良好的个人素养，包容一切、宽容一切，就不会走入死胡同。加上自知之明，能屈能伸，就不容易被困难和恐惧所击倒，而能始终保持心理上的健康。而孩子越小，能力越有限，父母可培养的空间也就越大。

在实践中，家长的权威说法和强势介入非常重要，尤其是在孩子年龄幼小心智还不发达、分析能力还不完善、价值判断还未成形的时候。此时父母之言作为一种很有权威性的语言，最容易赢得孩子的信任。

当孩子遇到困难时，正确引导他(她)面对困难，给他(她)指出简单的解决方案，或者教会他(她)如何正确请求他人帮助自己。也许孩子会有短暂的恐惧，但很快就会理解父母的意思，在孩子心中形成蔑视困难的思维习惯。心理上强大了，意志也会强大，能力会相应提高，事情真的就可以变得简单。

对于女孩子来说，父母更应强调自我的独立性，时刻暗示她女性的自信心和独立性，教她面对困难的时候，尽量不依附于他人，能够独立解决一些简单的问题。并学会适当地向他人求助，但不会彻底去依赖他人的方式。

一句话，真正心理强大的女性，她独立、自信、有尊严，知道自己有才能却不自负，懂得寻求他人尤其是男性的帮助，有选择地接受他们的支持，却永远不依附于他们。

曙光语录

◎ 女强人不是感情失败的产物，婚姻幸福和事业成功不是对立面。

◎ 我要孩子相信，幸福是自己给自己创造的，可以来自工作、亲情、友情，而不是仅仅依靠某段婚姻。

后　记

在协助徐曙光先生撰写本书时，有一条新闻闯进了我们的视野：

在互联网上出现了一个起名为“父母皆祸害”的网络小组，并提出了这样的口号：“反对不是目的，而是一种积极手段，为的是个人向社会化进一步发展，达到自身素质的完善。我们不是不尽孝道，我们只想生活得更好。在孝敬的前提下，抵御腐朽、无知、无理取闹父母的束缚和戕害。”在这个网络小组中，那些击中两代人关系痛点的帖子，总是获得强烈共鸣。

我们并不是绝对认同这种观点，但不可否认的是，每个时代的父母与孩子之间都存在着这样的“矛盾”，只是很多时候孩子把它憋在心里，心理不够健全的，往后就变成一种“软暴力”，我们常看到子女将父母赶出家门的新闻，这其实就是“矛盾”的最终表现。

我们做父母的总是有太多的诉求，这些诉求让我们在培养孩子身上有了杂心，这杂心逐步演变为将孩子变成了“物”，最后孩子消失了，只剩下父母自己的“虚妄”。

电影《闪亮的风采》中，一个被父亲从小要求必须学好钢琴的钢琴师，却从来没有在父亲那里得到品格上的培养，最后导致他在技艺上成为大师，在精神上却变成了残疾人。

做父母不易，很欣赏徐曙光先生的一句话：“父亲就是父亲，父亲应该先做好父亲，再考虑做孩子的朋友，父亲需要对孩子的未来负责。”

时下许多紧张关系的产生，就在于父母的纠结心态——又想教育好孩子，又不希望孩子内心“责备”或“恨”自己，更希望能成为孩子的朋友。这样的矛盾一直困扰着今天的父母，而徐曙光先生轻松就将这个问题给化解了。

美国管理大师汤姆·皮特斯有一句名言，大体意思是：我们一直将客户视为上帝，视员工为企业最重要的人，视孩子为自己的未来，但这些“关系”从未像今天那么紧张过。

“有个女孩十分骄傲地说，找老公就要找她爸那样的，既有品位，又讲人文关怀。其实，小姑娘小时候，她爸倒是扮演唱白脸的角色，也打骂她，但打动孩子的是父亲的人格魅力和开放的沟通方式。她爸从小就带着女儿到处旅游、摄影，自己喜欢看书、收古董、养鸟、淘画儿……这些言行都潜移默化地影响女儿。老爸到了50岁，一路都和女儿分享喜怒哀乐，永远做女儿坚实的后盾，叫人羡慕。”

这是我们在网上看到的一段真实又美好的述说，也印证了徐曙光先生所说的“孩子不孝是父母造成的”。

从这段述说里，我看到了徐曙光先生未来的背影——他和他的女儿。

而在和他一起完成这本书的过程中，我们看到了纯粹！一个纯粹的父亲，纯粹的CEO，纯粹的海归，纯粹的家族掌门人对下一代的“承诺”——超越自己。

2006年的时候，我曾经撰写过一本叫《生，还是不生》的书，率先提出“育儿——精英时代的到来”和“MBA式的育儿思维”，这样的理念提出在别人看来可能有点纸上谈兵。现在，徐曙光作为父亲，以活生生的例子来演示这样的思维方式，他是“MBA式的育儿思维”最佳的典范。

或许在你看来徐曙光的一些想法和观点，用当下的眼光来看，有点“偏激”。而如果你用一种使命感，尤其是父亲的责任和父亲使命感角度来看，便能理解他的教育方法中的辩证思维。

从开始一直到最后完成本书的过程中，我们一直在思考作为一位成功的企业家、一位海归、一位亿万富翁、一位具有强烈家族荣誉感和责任心的人到底是如何思考教育孩子的。

这本书，就是一本全面展示一位事业成功、家庭幸福的父亲的思维方式，并通过其亲身育儿经历撰写的书，而并非一些杜撰的“富爸爸”式的教育思维之书。这种思维不仅能对同样的富裕阶层或中产阶级有作用，对向往子女有美好未来的普通父母也具有参考意义。

这本书真正价值之所在，就是其中蕴藏着成功者的“大智慧”。或许在读罢，亲自去实践之后，才能真正理解其中的奥秘。

本书的创作和出版得到了非常多朋友的支持和帮助，在这里通过简单的方式向他们表示感谢，他们是：格林豪泰的韩毅、梁善、乔颖异；好朋友花过雨、李叙、王源亦、梁潇文等，还有出版社的各位老师的不断支持。

在本书中有不少TIPS，这些TIPS是搜集了一些被普遍认可的教育孩子的思维。在未经过各位专家的同意便直接拿来引用，在这里向你们表示歉意，也表示我们的感谢。另外，本书之前已在东方出版社出版过，此次再版仍以前稿为基础，所选案例多发生在徐先生儿女少年时期。为保留原情境未予更新其年龄背景，还望读者了解。

如果对于本书的观点有不同意见，可随时与我们联系。如果你想跟踪徐曙光先生对于教育的更多想法，想了解徐曙光先生的实时动态，可以登录他的微博：http://weibo.com/xushuguang。

蓝 焰 戴佳毅